Un manuel de littérature italienne

Francis-Henri Cliffe

Writat

Cette édition parue en 2023

ISBN : 9789359254173

Publié par
Writat
email : info@writat.com

Contenu

CHAPITRE I.

INTRODUCTION.

Quiconque examine une carte de l'Europe et voit la position occupée par l'Italie doit, même sans connaissance de l'histoire, arriver à la conclusion qu'un pays situé dans une position si centrale et favorisé à tant d'égards par la nature, ne pouvait manquer de commander. un rang élevé dans la hiérarchie des nations. Mais les conjectures les plus audacieuses seraient probablement en deçà de la brillante réalité. L'essor et la domination de Rome seraient considérés dans un roman comme trop improbables pour la crédulité du lecteur le plus simple, mais en tant que fait bien établi dans les annales de l'humanité, cela devient un phénomène d'une importance et d'un intérêt des plus frappants. Qu'une ville solitaire puisse produire des hommes courageux et distingués, et même, aidée par la richesse et le courage, établir des colonies dans des pays éloignés, n'est pas merveilleux ; Carthage et Tyr l'ont fait à une époque antérieure, Venise et Gênes l'ont fait à des époques plus proches du présent ; mais qu'une ville solitaire jouerait un rôle réservé en apparence seulement à une grande nation, attirerait à elle, comme dans un cercle magique, toute l'Italie, conquérirait la Gaule, la Grèce, l'Afrique, l'Espagne, la Grande-Bretagne, l'Asie Mineure et menacerait même la Perse. et l'Inde, c'est vraiment merveilleux . Les conquêtes de Rome ne furent pas non plus des incendies passagers dont la fureur fut bientôt épuisée ; ils étaient aussi durables que brillants, et les races soumises apprirent vite la langue et les manières de leurs maîtres. Une seule nation, bien que politiquement asservie, restait intellectuellement libre. La Grèce avait produit des poètes si sublimes, des philosophes si profonds, des historiens si brillants, que même aux heures les plus sombres de la dégradation, même lorsque Memmius dépouillait Corinthe des œuvres de la plus grande statuaire, même lorsque Sulla massacrait les habitants impuissants d'Athènes, elle eut la satisfaction de voir les maîtres de Rome venir en humbles disciples aux sources de l'art et de la sagesse qui ne prenaient leur origine que sur son sol.

En fait, il n'est guère exagéré de dire que la Grèce a été vengée de son esclavage par l'esclavage non moins complet de Rome à sa suprématie intellectuelle. Les poètes romains, éblouis par l'éclat de leurs prototypes athéniens, croyaient que ce n'était qu'en imitant qu'ils pouvaient espérer exceller. Jamais une idée plus malheureuse ne s'est emparée d'une nation. Cela a détruit tout ce qui, dans leurs écrits, était spontané et évoquait leur terroir natal. Tout ce qui est réellement doté de vie et de valeur intrinsèque dans leurs œuvres a dû lutter pour exister à travers l'atmosphère suffocante des modes et des pensées étrangères. Ce mal était apparent dans d'autres branches de la littérature, mais il était bien loin de leur nuire comme il blessait la poésie. Virgile était assurément l'un des plus grands poètes de tous les temps, et pourtant, quelle partie de sa poésie est de seconde main ou, au mieux, adaptée d'autres. Les adaptations sont souvent exécutées avec une habileté merveilleuse , mais ce fait ne fait qu'accroître notre regret qu'il n'ait fait de son *Énéide* qu'un écho d'Homère ; et de ses *Églogues* n'est qu'une répétition de Théocrite. Sa *Géorgie,* en effet, n'était qu'une décoction d'herbes grecques, car il y écrivait ce qu'il avait réellement vu et vécu, et elles sont, en vérité, son chef-d'œuvre. En effet, si l'on en déduit l'extraordinaire beauté du style, qui est au-dessus de tout éloge, qu'y a-t-il de grand prix dans les *Élogues,* sinon quelques images de beauté rurale et quelques élans de tendresse exquise ? Ou dans l' *Énéide ,* à l'exception des passages où il loue la grandeur de l'Italie et de Rome, s'étend sur sa philosophie et dépeint avec une tendresse et un feu, comme aucun autre poète antique ne pouvait le faire, la passion de l'amour ? Cela aurait été mieux, bien mieux pour lui s'il n'avait jamais entendu parler d'Homère et s'il n'avait jamais étudié Théocrite. Ce grand poète aurait alors dû compter sur ses propres ressources, et aurait produit des œuvres, différentes peut-être, mais bien plus frappantes et plus profondes que celles que nous possédons aujourd'hui.

L'esprit vigoureux de Lucrèce ne souffrait que peu du recours aux modèles grecs. Mais cela était en partie dû à la nature de son sujet. Un philosophe est aidé, son esprit s'enrichit des spéculations de ses prédécesseurs ; et le fait qu'il écrive en vers n'est qu'un accident qui n'enlève rien à la vérité de cette remarque. Sa force d'esprit et sa puissance de description incomparable font de son poème l'un des plus beaux monuments de la langue latine. Catulle avait tant de douceur et de tendresse, une pensée à la fois si ardente et si naturelle, que même l'étude des représentations les plus laborieuses des pédants alexandrins ne pouvait lui enlever sa spontanéité et sa fraîcheur. Avec Horace, le cas est quelque peu différent. Il était profondément lu dans les poètes grecs, et ce cours d'études est visible dans chaque ligne qu'il a écrite. Mais il eut la sagesse de ne choisir pour modèles que les passages les plus sublimes des plus nobles écrivains, et il adapta ce qu'il leur empruntait avec un art si exquis à son environnement romain, qu'on peut se demander s'il n'avait pas positivement gagné à avoir Pindare, Alcæus et Sappho constamment devant lui. Pourtant, le résultat est extrêmement artificiel, et les émotions que ressentent réellement les grands poètes, trop souvent, il ne fait que les simuler.

Si l'on excepte bien des passages tendres de Tibulle, bien des passages pittoresques d'Ovide et bien des passages vigoureux de Lucain, la poésie romaine ne nous présente pendant des siècles que de faibles échos de modèles grecs, et ces modèles sont trop souvent les productions pédantes et sans vie d'Alexandrie. On peut dire qu'un véritable drame romain n'a jamais existé. Plaute et Térence ne sont que de pâles reflets des comédies attiques ; les tragédies attribuées à Sénèque, les seuls spécimens qui nous soient parvenus de tragédie romaine, ne sont que de grossières imitations, ou plutôt des travestissements, de Sophocle et d'Euripide. Aux époques de déclin de la littérature romaine, Claudian était le seul poète qui faisait preuve d'une véritable originalité et d'une fraîcheur de pensée, et, chose étrange à dire, il était un Alexandrin de naissance, pour qui la langue latine n'était pas naturelle, mais acquise.

Je ne connais aucun autre exemple d'une grande nation, victorieuse et dominante sur tout le monde civilisé , humblement assise comme un disciple aux pieds de l'un de ses captifs, et cela non seulement pour une courte période, mais pendant toute la durée de son existence. Développement intellectuel. L'Espagne, au XVIe siècle, a emprunté à l'Italie nombre de ses modes littéraires ; L'Angleterre, au XVIIe siècle, a modelé ses productions à bien des égards sur la France, tout comme l'Allemagne un peu plus tard ; mais ce n'étaient là que des modes passagères, non des coutumes profondément enracinées, et qui ne produisaient pas d'effet très durable. Rome était seule, et l'est depuis lors, dans sa déférence envers un modèle étranger, et on ne peut pas non plus dire, en guise d'atténuation, qu'elle avait seulement le choix d'avoir de la poésie sur ce modèle ou de ne pas avoir de poésie du tout. Elle disposait de nombreux documents indigènes, et Niebuhr a dit à juste titre que la véritable poésie de Rome doit être trouvée dans son histoire et dans ses premières légendes plutôt que dans les productions achevées de ses poètes littéraires.

Cela est d'autant plus remarquable que sa grandeur était telle qu'elle ne pouvait manquer d'inspirer même les esprits les moins susceptibles. Elle s'est fait sentir depuis les rives de la Baltique jusqu'au golfe Persique, et est attestée par des ruines plus substantielles que les structures intactes des races plus faibles. Sa force inhérente était telle qu'elle résista aux guerres civiles les plus sanglantes et au despotisme le plus écrasant ; il n'est pas non plus facile de deviner ce qui aurait pu l'ébranler si l'immigration de tribus barbares venues des régions mystérieuses et inexplorées du Nord n'avait pas provoqué choc après choc à ce système majestueux, œuvre de tant de guerriers et de législateurs. On peut dire avec vérité que les murs de Rome tombèrent au son de la trompette gothique.

Lorsque Constantin transféra le siège de l'Empire à Constantinople, il rompit le charme qui retenait les nations captives depuis tant de siècles. La partition de l'Empire entre l'Est et l'Ouest a mis fin à ce que la suppression avait commencé. Rome n'avait pas non plus à redouter que la rivalité de Constantinople. Milan, puis Ravenne, deviennent le théâtre de la splendeur impériale. trouver le centre de la politique impériale. Rome aurait en effet été abandonnée sans son évêque, qui établissait peu à peu pour lui et ses successeurs une domination non moins brillante et plus durable que celle des Césars .

Lorsqu'enfin l'ancien ordre des choses s'est effondré si complètement que l'empereur fantôme n'a plus été autorisé à conserver son titre fantôme, il a dû être évident pour tous les hommes réfléchis que des changements d'une telle ampleur étaient survenus en Italie qu'ils en faisaient presque un autre pays. monde. Les envahisseurs s'étaient largement mêlés à la nation conquise, les mariages mixtes étaient fréquents ; et il faut, pour rendre justice aux barbares, admettre qu'ils ont rapidement adopté les mœurs, et même les pensées, de la civilisation . Si l'on compare la cour de Théodoric à celle d'Honorius, ou même à celle de Valentinien III, la supériorité du souverain gothique en termes de sens politique et même de connaissances superficielles est manifeste. Mais les guerres et les invasions désolèrent le malheureux pays. Bélisaire bat les Goths et reconquiert la Sicile et le sud de l'Italie pour les empereurs d'Orient. Bien que la domination byzantine n'ait pas duré longtemps, les curieux peuvent encore trouver des traces de son existence dans ces régions. Il ne faut pas oublier que les Goths apportèrent un sang neuf dans le pays et que toute nouvelle invasion tendait à modifier, sinon à altérer, le caractère national de la péninsule.

Mais alors que l'Italie souffrait depuis des siècles des invasions des Lombards, des Sarrasins et des Normands, il ne faut pas oublier qu'elle ne cessait de croître en richesse, jusqu'à ce qu'au XIIIe siècle, elle devienne le grand marché monétaire du monde. , et a conservé cette position jusqu'à peu de temps après la découverte de l'Amérique. La richesse produisait son effet habituel en donnant aux hommes de nombreux loisirs, et les loisirs créaient une demande de gratifications intellectuelles et artistiques. La Sicile était la demeure préférée de l' empereur Frédéric II, et à sa brillante cour les poètes étaient encouragés et les ménestrels récompensés. Les Troubadours de Provence offraient à l'Italie, dans des vers nobles, cet esprit chevaleresque de galanterie et d'amour si conforme au goût de l'époque. Ce que les Italiens admiraient tant, ils désiraient naturellement l'imiter. Mais pour cela, il leur fallait un langage capable d'exprimer les pensées avec justesse et de les parer de splendeur . Il n'est pas exagéré de dire que de la décadence de la langue latine sont nés non pas une langue, mais de nombreux dialectes. Ces dialectes ont été favorisés par la division de la péninsule en plusieurs principautés, cantons, républiques et royaumes. Il incombait donc aux Italiens de combiner les matériaux existants pour créer une langue littéraire. Par une heureuse coïncidence, les écrivains les plus doués sont nés en Toscane, où l'on parlait le plus prometteur de ces dialectes. C'est ainsi que l'idiome toscan est devenu la norme pour la composition littéraire. On sentait, même aux moins perspicaces, que la langue latine, n'étant plus la propriété vivante de la nation, n'était pas propre à exprimer les inspirations des poètes contemporains, même si elle pouvait être avantageusement retenue pour des travaux juridiques, théologiques et historiques.

A la fin du XIIIe siècle, GUINICELLI de Bologne et CAVALCANTI de Florence donnèrent plus de finition et de régularité, plus de perfection savante et plus de mérite littéraire à ce style de poésie amoureuse qu'eux, comme leurs contemporains, admiraient tant dans les Troubadours. . Même en prose, des œuvres précieuses ont été produites. La *Chronique* de DINO COMPAGNI contient de nombreux passages qui méritent les plus grands éloges. Ces écrivains furent de dignes prédécesseurs du poète qui devait donner au monde la *Divine Comédie* , et le premier des modernes devait égaler , s'il ne excellait pas à certains égards, les plus grands poètes de l'antiquité.

CHAPITRE II.

DANTE.

Durante (un nom appelé plus tard pour la brièveté DE DANTE) est né à Florence au mois de mai 1265, fils d' Aldighiero Aldighieri et Bella, sa femme. « De ses ancêtres, à travers les brumes d'une antiquité très nébuleuse, dit Symonds dans son *Introduction à l'étude de Dante, ce qui ressort clairement* , c'est qu'ils étaient bien placés parmi les citoyens de Florence, et il semble que leur primitive Le nom n'était pas Aldighieri , mais Elisei . La tradition diffère quant à l'origine des Elisei . Certains biographes de Dante les font remonter aux colons romains de Florence à l'époque de Jules César . D'autres, et ceux-ci sont la majorité, les dérivent d'un certain Eliseo, de la noble maison romaine des Frangipaniers, ou casse-pain, ainsi appelés en raison de quelque acte éminent de charité publique, qui se serait établie à Florence au temps de Charlemagne, ou peu après. En tout cas, les Elisei étaient honorables à Florence, possédant des châteaux dans la campagne et des maisons à tours dans la ville. Ils habitaient dans l'ancien Pomoerium , ou circuit fortifié primitif, dans la Via degli Speziali , près du Mercato Vecchio ; c'était en soi un signe de sang ancien. Dante était fier de descendre du sang le plus pur des citoyens florentins. Le changement du nom de la famille de Dante d' Elisei à Aldighieri s'est produit ainsi : Cacciaguida degli Elisei , née en 1106, épousa Aldighiera degli Aldigheri de Ferrare, et il eut d'elle un fils qu'il appela Aldighiero . Ce fils donna son prénom à ses descendants, tandis qu'un frère de Cacciaguida continua la lignée et le nom des Elisei . Cacciaguida suivit Conrad III aux croisades en 1147, fut fait chevalier par lui et mourut à l'âge de quarante-deux ans en Terre Sainte.

Le poète présente cet ancêtre dans l'un des plus beaux passages du *Paradiso*.

Dante a été éduqué par Brunetto Latini , auteur d'un curieux poème intitulé le *Tesoro, dans lequel* on peut retrouver le germe de plusieurs pensées de la *Divine Comédie* . Il fut ensuite placé par son élève reconnaissant au centre de l'Enfer. Dante possédait une connaissance approfondie de la science de son époque, et nous pouvons reconnaître à son instructeur le mérite d'avoir soigneusement développé les brillantes capacités de son élève. On dit qu'il a étudié la musique et qu'il a fait preuve d'un talent certain en peinture.

Son père est décédé quand il avait neuf ou dix ans. Peu de temps avant sa mort, il présenta son fils à Folco Portinari, un riche citoyen de Florence, et à sa fille, Béatrice, qui fut son premier et probablement son unique amour. Même s'il n'était qu'un enfant, il fut frappé par sa beauté. "Sa robe ce jour-là", dit-il, "était d'une couleur des plus nobles , d'un pourpre discret et joli, ceinturée et ornée comme il convient le mieux à son très jeune âge." Béatrice mourut lorsque Dante avait vingt-sixième année, et le coup fut si grand qu'il fallut longtemps avant qu'il ne soit réconforté par la philosophie et l'étude. Elle est devenue, dans son esprit, la personnification de tout ce qui est grand et noble. Dans la *Divine Comédie,* elle apparaît comme son guide du sommet du Purgatoire au Paradis.

En 1292, il épousa Gemma Donati , dont il eut sept enfants. Ainsi, il ne peut guère s'agir d'un mariage malheureux ; mais comme elle ne le suivit pas en exil, et comme il ne la mentionne jamais dans aucune de ses lettres existantes, on peut supposer qu'il n'y avait pas d'affection très ardente de part et d'autre.

La dernière partie de la vie de Dante était destinée à être marquée par de nombreux chagrins et désastres. Il fut entraîné dans le vortex des factions et de la guerre civile, et fit naufrage avec de nombreux marins moins remarquables.

Il fut nommé prieur de Florence en 1300 et était si éminent qu'il fut nommé l'un des quatre ambassadeurs envoyés auprès du pape Boniface VIII pour se plaindre de l'intervention française sous Charles de Valois. Avant leur retour, Charles était entré à Florence ; Dante et ses compagnons furent mis hors la loi, ses biens furent confisqués, sa maison pillée et on ne lui permit plus jamais de retourner dans sa ville natale.

La tradition dit, et je pense qu'elle est étayée par les preuves internes du poème, qu'il a écrit les sept premiers chants de l' *Enfer* à Florence avant son exil, et que le début du huitième chant :

"Je l'ai dit , je l'ai suivi ",

C'est une preuve que le poème a été continué après avoir été mis de côté pendant un certain temps, sinon le mot « seguitando » serait inutile au sens, et il n'est pas dans le style de Dante d'admettre des mots inutiles dans ses vers. Si ce raisonnement est valable, nous pouvons déterminer avec assez de précision la date de la *Divine Comédie.* Le poète feint d'être descendu dans les régions infernales le Vendredi Saint de l'an 1300 ; son exil commença en 1301 ; par conséquent, la fin de 1300 l'a très probablement vu écrire les sept premiers chants de l'œuvre. Dans le sixième chant, il y a une allusion à son exil et à la défaite de son parti ; mais cela a peut-être été inséré après.

Cruel fut le coup qui lui fut porté, doublement cruel après tant d'années de prospérité et d'honneur . Il dut fréquenter des compagnons indignes ; il lui fallut manger le pain amer de la dépendance ; il était séparé de ceux qu'il aimait le plus tendrement ; et, comme il le fait prédire dans le Paradis, « ce fut la première flèche avec laquelle l'arc de l'exil le frappa ».

"Tu vas lacerai ogni cosa diletta
Plus caramel ; et c'est ça _ strale
Che l'arco dell esilio pria Saetta ."

Le lecteur peut parcourir dans le dix-septième chant du *Paradiso*, son récit concis et pathétique des chagrins de ses dernières années. Sous forme de prophétie, il constitue l'un des passages les plus grandioses de tout le poème. Quelques lettres, écrites pendant son exil, subsistent encore et respirent un esprit si élevé que la versification seule manque pour les égaler à ses inspirations les plus sublimes . Au milieu de tous les troubles de sa vie mouvementée, il trouva encore le loisir d'étudier, de méditer et d'écrire, et lorsqu'il mourut à Ravenne en 1321, le premier grand poème des temps modernes fut achevé.

« De nombreux volumes ont été écrits », dit Carlyle, « en guise de commentaires sur Dante et son livre ; mais, dans l'ensemble, sans grand résultat. Sa biographie est pour nous, pour ainsi dire, irrémédiablement perdue. , homme affligé, on n'a pas fait grand cas de lui pendant qu'il vivait; et la plupart de cela a disparu, dans le long espace qui s'interpose maintenant. Cela fait cinq siècles qu'il a cessé d'écrire et de vivre ici. Après tous les commentaires, le Le Livre lui-même est principalement ce que nous connaissons de lui. Le Livre, et on pourrait ajouter, ce Portrait communément attribué à Giotto, et qui, en le regardant, on ne peut s'empêcher de penser qu'il est authentique, quel que soit celui qui l'a fait. Pour moi, c'est un tableau des plus touchants. visage ; peut-être de tous les visages que je connais, le plus. Solitaire là, peint comme dans un vide, avec le simple laurier enroulé autour de lui ; la douleur et la douleur immortelles, la victoire connue qui est également immortelle ; significatif de toute l'histoire de Dante. Je pense que c'est le visage le plus triste qui ait jamais été peint d'après la réalité, un visage tout à fait tragique et touchant le cœur. Il y a en lui, comme fondement, la douceur, la tendresse, la douce affection d'un enfant ; mais tout cela est comme figé dans une contradiction aiguë, dans l'abnégation, l'isolement, la douleur fière et désespérée. Une âme douce et éthérée, si sévère, implacable, sinistre, incisive, comme sortie d'un emprisonnement de glace épaisse. C'est aussi une douleur silencieuse, silencieuse et méprisante ; la lèvre est retroussée dans une sorte de dédain divin pour la chose qui lui ronge le cœur, comme si c'était en même temps une chose mesquine et insignifiante, comme si celui qu'elle avait le pouvoir de torturer et d'étrangler était plus grand qu'elle. Le visage d'une personne entièrement en protestation et qui lutte sans relâche toute sa vie contre le monde. L'affection s'est transformée en indignation ; lent, régulier, silencieux, comme celui d'un dieu. L'œil aussi regarde comme dans une sorte de *surprise,* une sorte d'enquête, pourquoi le monde était-il ainsi ? C'est Dante, comme il le regarde, cette "voix de dix siècles silencieux", et il nous chante sa "chanson mystique et insondable".

Dante fait partie de ces auteurs qui concentrent toute leur grandeur dans une œuvre prodigieuse. La *Vita Nuova* a bien des beautés, le *Convito* mérite d'être lu, les Traités latins offrent de nombreux points d'intérêt, mais ce n'est que dans la *Divina Commedia* qu'il s'élève au sommet de sa sublimité. Il était singulièrement judicieux, tant dans le choix de son sujet que dans la forme de ses vers. La Terza Rima entraîne le lecteur dans sa progression, calmement, noblement, irrésistiblement. Si l'œuvre avait été écrite en prose, elle n'aurait pas retenu l'attention des âges futurs, tant est grand le pouvoir embaumant du vers. Une belle œuvre en prose peut être négligée au cours des âges ; une belle œuvre poétique, jamais. Si l'ouvrage avait été écrit en vers latins, comme il a d'ailleurs été commencé, il ne serait qu'une étude pour les curieux et non une possession pour toute l'humanité.

La puissance vive de l'imagination de Dante, la force intense et robuste de ses pensées et le réalisme graphique avec lequel il présente à ses lecteurs les scènes de l'Enfer, du Purgatoire et du Paradis sont au-dessus de tout éloge et ne peuvent trouver d'équivalent dans les œuvres d'autres poètes. Milton le surpasse en grandeur soutenue, mais en pittoresque, le poète anglais ne cherche pas à rivaliser avec le florentin.

Le Poème de Dante est si connu qu'il est inutile d'insister sur des beautés particulières. Tous les lecteurs cultivés les connaissent, sinon dans l'original, du moins dans les traductions. S'il y a un défaut à trouver dans le poème, c'est qu'il tombe quelque peu ; le *Purgatoire* n'est pas aussi beau que l' *Enfer* ; le *Paradiso,* pas aussi beau que le *Purgatoire* . Le poète a parfois une fâcheuse tendance à se contenter de faire allusion à l'histoire des esprits qu'il rencontre, de sorte que nous sommes redevables à ses commentateurs plutôt qu'à lui-même d'histoires dignes d'être relatées en vers immortels. Son style n'est pas toujours exempt de grossièreté d'une part et d'obscurité d'autre part. Mais dans une réalisation aussi noble, ce serait équivoque de s'attarder sur des imperfections occasionnelles, au lieu d'être reconnaissant envers le poète qui nous a présenté une œuvre, peut-être à bien des égards, la plus noble production de l'esprit humain.

Comme spécimen du poème de Dante, je cite le dernier chant de l' *Enfer,* dans la traduction de Cary. Le lecteur remarquera le curieux passage qui semble prouver que Dante connaissait, quatre cents ans avant Newton, la loi de la gravitation :

CHANT XXXIV.

« Les bannières du monarque de l'enfer se lèvent vers nous ; regardez donc, ainsi dit mon guide,

si vous le discernez. » Comme lorsque respire un nuage lourd
et dense, ou lorsque les ombres de la nuit tombent sur notre
hémisphère, il semble que, vu de loin,
un moulin à vent, que le souffle remue vivement autour, tel
était le tissu qu'il me semblait alors voir.

Pour me protéger du vent, je me mis immédiatement derrière
mon guide : il n'y avait aucune autre cachette là-bas.

Maintenant je suis arrivé (et avec crainte j'ai demandé à ma
tension
d'enregistrer la merveille) où les âmes étaient toutes
accablées en dessous, transparentes, comme à travers le
verrePellucide la tige frêle. Certains étaient couchés, d'autres
se tenaient debout, celui-ci sur la plante, celui-là sur la tête,
un troisième avec la face aux pieds cambrés comme un arc.
Au moment où nous arrivâmes où mon guide fut heureux
que je voie
une fois la créature d'une beauté éminente, il s'avança devant
moi et me fit faire une pause.
« Lo ! » s'écria-t-il, voilà Dis ! et voilà l'endroit où tu as besoin
d'armer ton cœur de force.

Comme je me suis alors figé et comme je me suis évanoui !
Ne me demande pas, lecteur ! car je ne l'écris pas, puisque les
mots ne suffiraient pas à te dire mon état. Je n'étais ni mort
ni vivant. Pensez-vous, si une conception rapide fonctionne
en vous, comment je me suis senti. Cet empereur qui balance
le royaume du chagrin, à mi-poitrine de la glace,
se tenait debout ; et ma stature ressemble plus à un géant,
que les géants ne sont ses bras. Remarquez maintenant
combien doit être grand cet ensemble qui convient à une telle
partie. S'il était beau comme il est hideux maintenant, et qu'il
ait pourtant osé regarder son Créateur d'un air renfrogné, eh
bien, de lui, toute notre misère pourrait découler. Oh, quel
spectacle ! Comme cela
m'a paru étrange lorsque j'ai aperçu
sur sa tête trois visages : l'un devant une teinte vermillon, les
deux autres avec ce
milieu, chaque épaule jointe et à la crête ; La droite
semblait entre blanc et jaune : la gauche
pour regarder, comme celles qui viennent d'où le vieux
NileStoops se dirige vers les basses terres. Sous chaque tir,

deux ailes puissantes, énormes comme un oiseau si vaste.
Jamais je n'ai vu de voiles pareilles
déployées sur la vaste mer. Ils n'avaient pas de panaches,
mais ils avaient une texture semblable à celle d'une chauve-
souris, et ceux-ci battaient dans l' air qui sortait encore de lui
trois vents avec lesquels Cocytus était gelé jusqu'en
profondeur. A six yeux, il pleurait ; les larmes tombèrent sur
trois mentons distillés avec de l'écume sanglante.
À chaque bouche, ses dents étaient meurtries par
un pécheur comme avec une lourde machine, de sorte que
trois
étaient tourmentés sous cette forme. Mais bien plus que ce
rongement, le premier était blessé
par la déchirure féroce, d'où le dos était souvent dépouillé de
toute sa peau. "Cet esprit supérieur,
qui a le pire châtiment", ainsi parla mon guide,

"est Judas, celui qui a la tête au dedans et qui joue les pieds
au dehors. Des deux autres,
dont les têtes sont en dessous, de la mâchoire trouble qui
pend, est Brutus. : voyez, comme il se tord et ne parle pas ! L'
autre Cassius, qui paraît
si grand avec ses membres. Mais la nuit remonte maintenant,
et il est temps de se séparer. Tout est vu.

Je lui ai coupé le cou, car c'est ce qu'il m'a demandé ;
Et notant le temps et le lieu, quand les ailes furent assez
déployées , il attrapa fermement les côtés hirsutes,
et descendit de pile en pile en descendant entre
l'épaisse chute et la glace déchiquetée.

Dès qu'il atteignit le point où la cuisse
se tournait sur le gonflement des hanches, mon chef là, avec
douleur et luttant durement,
tourna sa tête là où ses pieds se trouvaient auparavant,
et s'agrippa à la chute, comme quelqu'un qui monte, qui en
enfer, je pensais que nous nous étions retournés.

" Attendez-vous à ce que par des escaliers comme ceux-ci, "
ainsi parla
le professeur, haletant comme un homme prévoyant, " nous
devons nous éloigner d'un mal si extrême. " Puis à une
ouverture rocheuse sortit, et me plaça sur un bord pour

m'asseoir, puis rejoignez 'd
Avec un pas prudent à mes côtés. J'ai levé les yeux, croyant
que Lucifer devait voir où il était récemment laissé, mais je
l'ai vu maintenant avec les jambes levées. Que les plus
grossiers, qui ne voient pas à quel point j'ai dépassé les
limites ,
se souviennent d'eux si un dur labeur m'a alors

opprimé . " Lève-toi, " s'écria mon maître, " sur tes pieds. Le
chemin est long et la route très rude ; et maintenant, moins
d'une heure et demie avant midi,
le soleil revient. " Ce n'était pas une salle de palais
élevée et lumineuse dans laquelle nous nous trouvions. Mais
un donjon naturel où l'on était mal placé et où la lumière était
rare. " Avant de me séparer de l'abîme
", ainsi, une fois ressuscité, je commençai :
" Mon guide ! accorde quelques mots pour me libérer de
l'esclavage de l'erreur . Où est maintenant la glace ?
Comment se tient- il dans une posture ainsi inversée ?
Et comment depuis la veille au matin dans l'espace si brefLe
soleil a-t-il fait son transit ? Il répondit en quelques mots : «
Tu crois que tu es toujours
de l' autre côté , le centre où j'ai saisi
le ver abhorré qui perce le monde.
Tu étais de l' autre côté aussi longtemps que je
suis descendu ; quand Je me suis retourné , tu as dépassé
ce point vers lequel de toutes parts est traînée
toute substance lourde. Tu es maintenant arrivé
sous l'hémisphère opposé à celui que le grand continent
recouvre, et sous la voûte duquel expiré
L'homme, qui est né sans péché, et a ainsi vécu .
Tes pieds sont plantés sur la plus petite sphère, dont l'autre
aspect est Judecca . Le matin
se lève ici, quand le soir se couche : et lui, dont le tas hirsute
était écailleux. d , mais il est debout corrigé ,
comme au premier. Sur cette partie, il est tombé du ciel ; et la
terre, ici proéminente auparavant,
par peur de lui, la voila avec la mer, et se retira dans notre
hémisphère . Peut-être
pour l'éviter était l'espace vacant laissé ici. Par quelle terre
ferme de ce côté apparaît, qui jaillissait à distance. " Il y a un
endroit en dessous, de Belzébuth aussi éloigné, que s'étend
le tombeau voûté, découvert non pas de vue,

mais par le bruit du ruisseau qui descend par ici le long du
creux d'un rocher qui, en serpentant sans cours impétueux, la
vague a mangé. Par ce chemin caché, mon guide et moi
sommes entrés pour retourner au beau monde : et
insouciants du repos, nous J'ai grimpé , lui le premier, moi
suivant ses pas,
jusqu'à ce que nous puissions voir les belles lumières du ciel
se lever à travers une ouverture circulaire dans la grotte.
De là, en sortant, nous avons de nouveau vu les étoiles.

CHAPITRE III.

Pétrarque.

Contrairement à la vie de Dante, dont si peu de détails nous sont parvenus que notre curiosité est plutôt excitée que satisfaite par les informations que nous possédons, la vie de Pétrarque est illustrée dans ses moindres détails par des extraits de ses œuvres et de sa correspondance.

FRANCESCO PETRARCA est né à Arezzo le 20 juillet 1304. Sa famille était originaire du petit village d' Ancisa , à quinze milles de Florence, mais depuis de nombreuses années ses ancêtres étaient installés dans cette ville. Son père, Pietro di Parenzo , s'appelait familièrement Petracco , en latin Petracchus , d'où son fils était désigné " Petracchi " . filius ", et c'est ainsi que le poète a développé le nom plus euphonique de Petrarca . Son père était notaire et semble avoir occupé des postes de responsabilité, mais il appartenait au parti des "Bianchi" et fut exilé en 1302 avec Dante. et bien d'autres. Ses biens furent confisqués, et il ne revint jamais dans sa ville natale. En 1313, il se rendit avec sa femme et ses enfants à Avignon, où les papes tenaient alors leur cour. Il envoya ses enfants dans le quartier plus calme de Carpentras , et là, sous la direction d'un maître habile, Pétrarque étudia le latin, et la connaissance des écrivains anciens l'excita dans un enthousiasme qui ne termina que par sa vie. Il se destinait à l'étude du droit, et en 1318 il se rendit à Montpellier. , et en 1322 à Bologne, mais il éprouva peu d'inclination pour cette science, et à la mort de son père en 1326 il revint à Avignon et se consacra à la littérature et à la société.

Son nom est indissociable de celui de Laura, et c'est le Vendredi Saint de l'année 1327 qu'il la rencontra pour la première fois.

> "Era il giorno , ch'ai Sol si scoloraro
> Pour la pietà del suo Fattore je rai,
> Quando i ' fuipreso , e non me ne guardai ,
> Che i he' vostr ' occhi , Donna, mi legaro . "
> SONNET 3.

D'après les recherches de son descendant, l'abbé de Sade, il ne fait aucun doute que Laura était l'épouse d'Hugo de Sade et la fille d' Audibert de Noves. Elle mourut en 1348 de la peste noire qui ravageait alors l'Europe, et sa perte inspira au poète certaines de ses plus nobles effusions. Cet attachement était parfaitement platonique et ne semble pas avoir suscité de commentaires défavorables parmi ses contemporains, car un hommage similaire avait été rendu par la poésie à la beauté dès la première apparition des Troubadours.

Pétrarque a eu la chance d'acquérir l'amitié et la faveur de certains des hommes les plus éminents de son temps. Jacopo Colonna, évêque de Lombés , l'invita dans son palais au pied des Pyrénées. Il assouvit son intense désir de découvrir le monde en voyageant à travers la France et l'Allemagne, puis en visitant de nombreuses villes d'Italie. A Rome, il fut accueilli par Stefano Colonna, le chef de cette illustre famille, mais Rome était alors déserte et solitaire, et Pétrarque retourna bientôt dans les cercles les plus brillants d'Avignon. Il trouva une retraite délicieuse à quinze milles d'Avignon, dans le Vaucluse, une agréable vallée arrosée par la rivière Sorga . Il y produisit certains de ses plus beaux poèmes italiens et certaines de ses compositions latines les plus élaborées. Les vicissitudes du goût littéraire sont si incertaines, et même les grands poètes savent si peu où réside leur véritable force, que Pétrarque traitait ses sonnets et ses canzoni, auxquels il doit seul son immortalité, comme l'amusement de ses heures de loisir, et il consacra tous ses soins et ses études à ces ouvrages latins qui ne sont aujourd'hui lus que par les curieux. Il composa un lourd poème épique en hexamètres latins et le donna au monde sous le titre d' *Afrique*. Cela lui valut une immense réputation. Le monde littéraire tout entier le lisait avec avidité, et l'Europe entière retentissait de ses éloges. Paris et Rome l'invitèrent simultanément à se faire couronner de laurier dans leurs murs. Il décida d'accepter l'invitation de Rome ; mais avant la cérémonie, il se rendit à Naples, où il fut reçu avec enthousiasme par le roi Robert, si épris de l' *Afrique* qu'il demanda qu'on la lui consacre. Le poète accéda volontiers à cette demande et partit pour Rome chargé de signes de faveur royale . Il fut couronné au Capitole par le sénateur Orso dell'Anguillara , le 8 avril 1341 , et la couronne de laurier qui lui avait été décernée fut suspendue comme ex-voto dans l'église Saint-Pierre.

Pétrarque était de ceux qui réussissent en tout ; et, comme si les distinctions déjà comblées ne suffisaient pas, il fut, lors de sa visite à Parme, invité à la cour par Azzo da Correggio, et peu de temps après l'envoya comme son envoyé auprès de Clément VI à Avignon. Il écrivit un poème latin conseillant au Pape de retourner à Rome, et Sa Sainteté, bien qu'il ne suivit pas ce conseil, fut si enchanté par le poème qu'il accorda un bénéfice précieux à son auteur.

De fin mai 1342 à septembre 1343, Pétrarque résida principalement dans le Vaucluse, avec des visites occasionnelles à Avignon. Il était occupé à écrire son ouvrage, *De Contemptu Mundi,* et à étudier le grec auprès de Barlaam, qui était l'un de ces émigrés grecs disposés à transmettre leur langue aux rares désireux de l'acquérir. On n'aurait pu trouver aucun disciple plus zélé que Pétrarque. Il dépensa de grosses sommes, comme son ami Boccace, pour collectionner des manuscrits et il copia même de nombreuses œuvres rares de sa propre main. Il semble avoir été en possession de quelques productions d'écrivains classiques, qui furent ensuite perdues entre sa mort et l'invention de l'imprimerie.

Quand Rome s'insurgea contre la tyrannie des maisons nobles, Colonna et Orsini, et quand Cola di Rienzi se proclama tribun du peuple, l'imagination de Pétrarque s'enflamma et il salua le libérateur en prose et en vers. Le cardinal Colonna était profondément offensé de prendre le parti de celui qu'il considérait comme un rebelle et un traître. Cette diversité d'opinions semble l'avoir poussé à quitter la cour papale et, pendant quelques années, il résida dans diverses villes d'Italie. Il se trouvait à Parme, où il venait de recevoir un précieux bénéfice attaché à la cathédrale, lorsqu'il apprit la mort de sa bien-aimée Laura. Le coup fut terrible et il refusa longtemps d'être réconforté. Mais s'il perdait son amour, il se faisait un ami, car l'année du jubilé 1350, alors qu'il se rendait à Rome, il fit la connaissance de Boccace à Florence. C'était sa première visite dans la ville toscane, et les Florentins proposèrent de restituer les biens confisqués de son père, à condition qu'il donne des cours dans leur université nouvellement fondée. Mais il refusa, et cette offre ne sortit pas. Pendant de nombreuses années, il vécut à Milan, l' hôte préféré des Visconti. Il y a une jolie histoire de Galleazzo Visconti racontant en plaisantant à son petit fils, lors d'un brillant divertissement qu'il donnait, de découvrir l'homme le plus sage présent et de le faire avancer. L'enfant regarda la compagnie rassemblée, puis s'approcha de Pétrarque et le conduisit à son père, à l'admiration de tous. "La nature imprime si clairement la grandeur de l'esprit sur le visage", dit Schopenhauer, qui cite l'anecdote, que même un enfant peut la percevoir.

Pétrarque fut envoyé par les Visconti à Prague, comme envoyé auprès de l' empereur Charles IV, puis, au même titre, auprès du roi Jean de France. Il résida ensuite à Padoue et à Venise, et en 1370 il se retira dans le village d' Arqua , dans les monts Euganéens , où il était destiné à passer le reste de ses jours. Il fut retrouvé le matin du 18 juillet 1374, mort dans sa bibliothèque, la tête appuyée sur un livre.

La multitude d'imitateurs qui, sans une étincelle de génie de Pétrarque, ont imité ses manières pendant des siècles, ont finalement produit la réaction inévitable, et ces dernières années, de nombreux censeurs ont insisté sur ses défauts, tout en ignorant ses beautés. Mais Pétrarque était assurément l'un des plus grands poètes lyriques qui aient jamais existé. La mélodie de ses sonnets et la splendeur de ses odes sont sans égal dans la littérature de son pays, et aucun lyriste italien ne s'est élevé à une hauteur égale jusqu'à ce qu'au XIXe siècle Leopardi combine une inspiration non moins ardente avec un style plus naturel, simple et direct. . Pétrarque fait partie de ces poètes qui ne présentent rien à leurs lecteurs dans un style pointu et graphique, mais tout est impliqué dans une riche brume de tropes et de métaphores. À cause de cette tendance, on ne peut le nier, il devient parfois artificiel et forcé, mais il est bien plus souvent émouvant et magnifique. Contrairement à Dante, dont les principaux inspirateurs étaient la haine et l'indignation, il est animé par l'amour et le respect : l'amour pour son pays et pour Laura, et le respect pour tout ce qui est noble et héroïque. Sa sublime ode, *Spirto gentil,* adressée à Rienzi, réveille les esprits comme une trompette, même après tant de siècles. Combien noble est l'invocation aux héros de la Rome antique : « Ô grandiose Scipion ! Ô Fedel Bruto !" Et la conclusion est superbe :

> "Sopra il monte Tarpeo , Canzon , vedrai ,
> Un cavalier [1] ch'Italia tutta _ Onora ,
> Pensoso plus d'altrui che di sè stesso .
> Digli : Un che non ti vide ancor da presso ,
> Se non come per fama uom s'innamora ,
> Dice che Roma ogni ora ,
> Con gli occhi di dolor bagnati et molli
> Ti chier mercè da tutti sette je colli ."

Magnifique est l'Ode à l'Italie, *Italia Mia,* et même supérieur, si possible, est le poème adressé à Giacomo Colonna en faveur d'une autre croisade. Merveilleuses dans leur délicate beauté sont les Odes adressées à Laura, *In quella partie dov ' Amor mi sprona* , et, *Di pensier in pensier , di monte in monte.* Mais énumérer les poèmes où se trouvent des beautés extraordinaires, ce serait énumérer presque tout le recueil. La tendresse et le feu, la mélodie et la richesse de son style ne sont égalés par aucun poète dans aucune langue, sauf par Tennyson dans ses plus belles effusions lyriques, notamment dans *In Memoriam.*

Que Pétrarque ait amené le Sonnet au plus haut point de perfection est universellement reconnu, et aux lecteurs qui souhaitent entrer dans les détails du sujet, je peux recommander *Le Sonnet, son origine et son histoire,* de CHARLES TOMLINSON .

Dante était tout à fait un homme du moyen âge, s'attardant sur le passé et ne pensant guère à l'avenir ; mais Pétrarque était à bien des égards étonnamment moderne, et tant dans sa prose latine que dans ses vers italiens, nous pouvons trouver de nombreux passages imprégnés du feu de l'espoir et de la croyance au progrès.

[1] Rienzi.

CHAPITRE IV.

BOCCACE ET LES PROSATEURS DU XIVe SIÈCLE.

GIOVANNI BOCCACE est né en 1313 à Paris, fils d'un marchand florentin et d'une Française. Son père possédait une propriété dans le hameau de Certaldo et l'auteur signait toujours "Boccaccio da Certaldo ". Il était destiné, d'abord au commerce, puis à l'étude du droit, mais ne trouvant ni l'une ni l'autre de ces vocations agréables, après la mort de son père, il se consacra entièrement à ses activités favorites . Il fut honoré de la faveur du roi Robert de Naples et de l'amour de la fille du roi, Maria, qu'il célèbre dans ses poèmes sous le nom de Fiammetta . Son zèle pour les écrivains de l'Antiquité n'était pas inférieur à celui de Pétrarque. Il fit venir Léontius Pilate pour lui apprendre le grec. Il consacra de grosses sommes à l'achat et à la reproduction des œuvres d'écrivains classiques. Il semble avoir été un homme aimable et honorable , libre à la fois de l'orgueil comme celui de Dante et de la vanité comme celle de Pétrarque. Il se repentit plus tard du caractère quelque peu frivole de plusieurs de ses écrits, entra dans les ordres et passa les derniers jours de sa vie à Certaldo . Lorsque Florence dota une chaise pour l'explication de la *Divine Comédie,* Boccace fut le premier à être nommé. Il écrivit une vie de Dante et commença un commentaire sur l' *Enfer,* qu'il ne vécut cependant pas jusqu'à l'achèvement, mourant à Certaldo le 21 décembre 1375.

Boccace fut un écrivain des plus fertiles, tant en latin qu'en italien. Ses œuvres latines n'ont que peu de mérite et sont très inférieures à celles de Pétrarque en force et en originalité de pensée. Ses poèmes italiens sont lourds et sans intérêt, mais il a le mérite d'avoir inventé « l'Ottava Rima », la strophe dans laquelle l'Arioste et le Tasse écrivirent par la suite leurs épopées immortelles. Si louables que fussent ces ouvrages pour l'époque où ils furent écrits, il n'occuperait pas une position élevée dans la littérature de son pays, s'il ne s'était montré dans d'autres productions comme le premier grand écrivain de prose italienne. Ses nouvelles romantiques, *Il Filocopo , La Fiammetta , l'Admeto* , sont écrites dans un style fluide et agréable ; sa *Vie de Dante* et *son Commentaire sur l'Enfer* sont précieux pour les informations qu'ils transmettent, mais le couronnement de sa carrière littéraire est le recueil d'histoires publiées sous le titre de *Il Decamerone* .

La terrible peste qui a balayé la terre au milieu du XIIIe siècle, connue dans l'histoire sous le nom de « peste noire » [1] , a ravagé Florence avec une malignité particulière, et Boccace feint que cinq dames et leurs cavaliers se sont réfugiés dans une villa de le quartier et séduisaient leurs loisirs en se racontant des histoires. Étant un recueil de contes racontés par divers personnages, le *Décaméron* présente une certaine ressemblance avec une autre œuvre mémorable du XIVe siècle, *les Contes de Cantorbéry de Chaucer,* mais plus heureux que son grand contemporain, Boccace a vécu pour achever son projet.

L'ouvrage s'ouvre sur une noble description de la peste de Florence, mais cette introduction sombre et terrible ne laisse présager aucun caractère léger, festif et parfois inconvenant de nombreux contes. D'autres, cependant, sont très pittoresques et même poétiques, et certains ont un intérêt particulier pour les lecteurs anglais comme étant les sources d'où Shakespeare a tiré *All's Well that Ends Well,* et *Cymbeline,* — Dryden, *Theodore et Honoria* et *Sigismonda et Guiscardo ,* et Keats *Isabella. , ou le Pot de Basilic.*

Boccace avait toutes les qualités d'un grand romancier. Son style est varié, flexible et animé, et son langage est si purement toscan qu'il a été considéré comme une norme par l' *Accademia della . Crusca ,* et si l'on peut lui reprocher quelque chose, c'est que l'abondance de son vocabulaire l'entraîne parfois dans des amplifications fleuries et redondantes. Ses personnages sont dessinés avec beaucoup de talent. Son dialogue est toujours naturel et approprié. Ses incidents, même s'ils dépassent parfois les limites du décorum, sont ingénieux et divertissants. L'ouvrage offre un brillant panorama des hommes et des mœurs de l'Italie au XIVe siècle.

Aucun écrivain n'a tiré plus profit de l'admiration des autres écrivains que Boccace. Les grands poètes lui doivent les intrigues de certaines de leurs œuvres les plus réussies. De grands peintres ont rivalisé d'illustration pour illustrer les scènes brillantes de son *Décaméron .* De grands philologues et grammairiens ont exprimé leur admiration pour la pureté et l'élégance de son style. Aussi brillants qu'aient été ses services à la littérature de son pays, ils ont reçu une récompense plus que suffisante de la gratitude de la postérité.

L'Italie a produit au XIVe siècle de nombreux autres prosateurs remarquables, mais aucun n'est aussi éminent que Boccace.

avant tout mentionner la précieuse *Chronique* de GIOVANNI VILLANI . Cet historien s'est élevé au service de la République florentine jusqu'à devenir Prieur. Il fut l'une des nombreuses victimes de la peste noire, et son œuvre inachevée fut poursuivie par son frère MATTEO , et cette continuation fut complétée par le fils de Matteo, FILIPPO . Tous ces éléments sont cités comme classiques par l'Accademia della Crusca . Selon des juges compétents, Giovanni était le plus brillant, Matteo le plus remarquable pour les événements importants qu'il raconte, et Filippo se remarquait plutôt par son industrie et ses recherches que par ses capacités d'écrivain.

Les *voyages* de MARCO POLO , un Vénitien, furent une contribution inestimable à la connaissance des pays lointains. Pendant des siècles, il fut très injustement soupçonné de mensonge et d'exagération, et ce n'est qu'à une date relativement récente que sa véracité, voire son exactitude scrupuleuse, reçut une justification tardive.

JACOPO PASSAVANTI , un dominicain. Frère, a écrit un livre de dévotion intitulé *Lo Specchio della Penitenza* , écrite dans une prose si musicale et fluide qu'elle est préférée par certains à la prose de Boccace, car Passavanti ne se livre jamais à la surélaboration que l'on détecte parfois dans les pages du *Décaméron* .

GIOVANNI DA CATIGNANO , connu dans le Calendrier comme le Bienheureux Jean des Cellules, après un jeune dissolu, fut converti par les ardentes exhortations de l'abbé de Vallombrosa et, dans une profonde contrition, termina ses jours d'ermite. Certaines lettres de cet intéressant pénitent existent encore, écrites dans un style si délicieusement toscan qu'elles sont citées par l'Accademia della. Crusca comme modèles de bienséance et d'élégance.

Une autre célébrité canonisée, SAINTE CATHERINE DE SIENNE , n'est pas moins remarquable par la beauté de son style que par la beauté de son caractère.

Une vie de saint François d'Assise, intitulée *Fioretti di San Francesco,* a été très appréciée pour la fraîcheur et la simplicité de son langage. La piété ou la modestie de l'auteur l'incitaient à dissimuler son identité.

Ces écrivains religieux, bien que traitant de sujets si différents, égalaient presque Boccace dans la perfection du style, mais les deux auteurs qui ont produit des recueils d'histoires quelque peu similaires au sien, FRANCO SACCHETTI et SER GIOVANNI FIORENTINO , étaient en effet très loin d'approcher sa maîtrise.

En examinant le développement littéraire de l'Italie au XIVe siècle, nous constatons que la langue a atteint la plus grande perfection tant en prose qu'en vers, seules les formes de poésie les plus légères restant incultes. L'apparition en un siècle de deux grands poètes comme Dante et Pétrarque a été tout à fait phénoménale et a jeté sur l'époque un éclat qui a attiré le monde entier. Mais un autre fait, moins universellement connu, mérite également attention : c'est le mérite extraordinaire des prosateurs de cette époque. On peut se demander si des compositions en prose italienne postérieures présentent les rares qualités de celles du XIVe siècle. Leopardi, en effet, a produit des merveilles de style, mais elles étaient le résultat de l'art et de l'étude, tandis que les écrivains du XIVe siècle font preuve d'une aisance et d'une simplicité, d'une fraîcheur et d'une puissance graphique, alliées à la légèreté et à l'harmonie les plus exquises dans leurs œuvres. des phrases qui doivent toujours en faire des modèles plus admirables que les productions artificielles et laborieuses des âges ultérieurs.

[1] Pour plus de détails au sujet de cette peste la plus terrible, probablement la pire qui ait jamais frappé l'humanité, nous pouvons renvoyer le lecteur à l'ouvrage précieux et intéressant du Père Gasquet sur le sujet.

CHAPITRE V.

ÉCRIVAINS DU XVE SIÈCLE.

Contrairement au XIVe siècle, le XVe siècle se distingue par une grande pénurie d'auteurs éminents. On peut remarquer la même chose dans le développement littéraire de l'Angleterre. Après la brillante apparition de Chaucer, plus de cent ans se sont écoulés avant qu'un écrivain éminent ne surgisse. Cela peut s'expliquer en partie par les guerres civiles qui ont dévasté l'île et entraîné la misère et l'anarchie dans leur sillage. Le sort de l'Italie était très différent. Il y eut des guerres et des troubles, il est vrai, mais la richesse du pays devint plus énorme que jamais, et les grands princes accordèrent un généreux patronage à la science et au savoir. Mais toutes les énergies intellectuelles étaient dirigées, non pas vers la culture de la langue italienne, mais vers l'étude des écrivains de l'Antiquité. Le grec et le latin étaient seuls tenus en estime, la langue vulgaire était méprisée et négligée.

Le seul prosateur éminent était FEO BELCARI , magistrat florentin, qui écrivit les Vies du bienheureux Giovanni Colombini et d'autres frères, et qui reproduisit la beauté et l'élégance des meilleurs auteurs du XIVe siècle. Il mourut à un âge avancé en 1484.

LEON BATTISTA ALBERTI était un génie universel. Il s'est distingué en tant que peintre, sculpteur et architecte, mais ses écrits italiens n'auraient guère d'importance pour être mentionnés, si la pénurie de noms dans ce siècle stérile n'avait pas rendu les historiens de la littérature reconnaissants de pouvoir combler le vide.

LÉONARD DE VINCI a écrit un *Traité sur la peinture* et il a fait comprendre à tous les artistes la nécessité d'être originaux et de ne pas copier leurs prédécesseurs. Il aurait été bien que les écrivains de l'époque aient pris cette injonction à cœur aussi bien que les peintres, car à mesure que les années avançaient, l'imitation servile des formes conventionnelles devenait de plus en plus le fléau de la littérature italienne.

PULCI est célèbre pour son poème héroïque, la *Morgante Maggiore*. Le géant Morgante est le héros, mais nous faisons également la connaissance d'Orlando, de Rinaldo, de Charlemagne et de bien d'autres personnages qui apparaissent dans les poèmes les plus célèbres de Bojardo et de l'Arioste. C'était dommage pour Pulci d'avoir d'aussi grands successeurs. Il avait beaucoup d'esprit et d'originalité, mais il n'avait ni l'imagination poétique de Bojardo ni le style magique de l'Arioste, de sorte qu'il n'y a pas lieu de s'étonner qu'il soit tombé dans l'oubli.

MATTEO BOJARDO , comte de Scandiano , est né en 1430 et mort en 1494. Il était favorisé par la nature et la fortune ; soldat et homme d'État, il eut toutes les occasions d'enrichir son esprit d'expériences variées, et on ne peut pas non plus dire que ces occasions furent négligées. Son *Orlando Innamorato,* qu'il n'a pas vécu pour achever, aussi longtemps qu'il soit, fait preuve d'une grande richesse d'imagination et d' une puissance créatrice considérable ; mais malheureusement, son style est lourd et rude, et a été complètement éclipsé par les mérites extraordinaires de l' *Orlando Furioso de l'Arioste,* qui prétend n'être qu'une continuation du poème précédent. Cinquante ans plus tard, Berni réécrit entièrement l'œuvre de Bojardo et réussit certes à lui donner plus d'élégance, mais il ne la rend pas plus intéressante pour les lecteurs modernes. En vérité, les chevaliers du cycle épique commençant par le *Morgante Maggiore* et se terminant au XVIIIe siècle avec le *Ricciardetto* , paraissent terriblement inintéressants de nos jours, et il faut le style pittoresque et mélodieux d'un très grand poète comme l'Arioste pour séduire le lecteur à travers le récit de leurs nombreuses aventures.

Le célèbre savant ANGELO POLIZIANO fait preuve d'un esprit poétique dans ses poèmes, et son *Orfeo* peut revendiquer le mérite d'être la première œuvre dramatique de quelque valeur littéraire en langue italienne. Il a de nombreuses beautés lyriques et les refrains sont fougueux. [1]

Son poème dans Ottava Rima sur un tournoi donné par Giniano de Médicis fut interrompu par la mort tragique de son patron dans la conspiration organisée par la famille Pazzi , et la perte du reste du poème ne fut pas non plus la conséquence la moins déplorable de ce grand crime. . Politien mourut dans la fleur de l'âge en 1494. Il est raisonnable de supposer que si ses années avaient été prolongées, il aurait pu enrichir la littérature de son pays d'œuvres d'une plus grande beauté encore.

Un poète d'une véritable tendresse et d'un véritable feu, mais plus remarquable par l'extraordinaire perfection de ses poèmes latins que par aucune autre production de sa muse, était JACOPO SANNAZZARO , un Napolitain. Il survécut jusqu'en 1530, mais ses poèmes italiens sont les productions de sa jeunesse. Son *Arcadia,* une romance pastorale en prose avec des poèmes entrecoupés, acquit une grande célébrité et servit sans aucun doute de modèle à l'œuvre du même nom de Sir Philip Sydney. C'est tendre et gracieux, mais l'extrême irréalité des Nymphes et des Bergers le rend plutôt écoeurant pour un goût moderne. Ses poèmes italiens sont loin d'avoir autant de mélodie et de feu que ceux qu'il a écrits en latin, qui sont en effet si parfaits qu'ils ne peuvent être distingués, quant au rythme, de ceux de Virgile lui-même.

Ces noms épuisent pratiquement la liste des écrivains italiens du XVe siècle, une liste vraiment maigre et en contraste frappant avec les innombrables peintres qui ont fait l'ornement de leur pays à la même époque.

[1] Le Chœur de l' *Orfeo* —

" Non je seguiamo , Bacco, te ;
Bacco, Bacco, évoè , évoè !"

est cité par George Eliot dans *Romola* .

CHAPITRE VI.

L'ARIOSTE.

Le XVIe siècle n'avait pas vu beaucoup d'années avant que le monde ne soit présenté à l'une des œuvres les plus célèbres de la langue italienne, un poème destiné à acquérir une réputation à peine inférieure à celle de la grande œuvre de Dante, l' *Orlando furieux* de L'ARIOSTE .

LUDOVICO ARIOSTO est né à Reggio en Lombardie le 8 septembre 1474. Son père était attaché à la cour de Ferrare, et il entra lui-même au service du cardinal Hippolyte d'Esté , frère du duc , mais en quelle qualité n'est-il pas connue avec précision. Il dédia au cardinal son grand travail, mais ne reçut aucun remerciement pour l'hommage. Il tomba dans une complète disgrâce en refusant d'accompagner son patron en Hongrie. Il tente alors sa chance auprès du duc régnant, plus généreux que son parent, et qui nomme le poète gouverneur de la Garfagnana , province reculée du duché, infestée de brigands. Il conserva ce poste pendant trois ans et mit la province dans un ordre si excellent qu'il acquit l'amour et l'estime de tout le district.

À son retour à Ferrare, il jouit de la plus haute considération et de la faveur du duc , qui prenait un grand plaisir à représenter ses comédies. Il était marié clandestinement à une dame florentine, dont il n'avait cependant pas d'enfants. On suppose que le secret était gardé afin de conserver certains revenus ecclésiastiques assignés à sa part par le Cardinal. De relations antérieures, il eut deux fils, auxquels le duc conféra des brevets de légitimité. Ses descendants acquitrent une opulence considérable et devinrent l'une des premières familles de Ferrare. Son fils Orazio se fit remarquer en déclarant, lorsque la question du génie supérieur de Torquato Tasso attira l'attention de l'Italie, que les deux poètes avaient leurs beautés particulières, opinion pour laquelle il fut farouchement attaqué par les fanatiques de la cause de son père. Au XVIIIe siècle, un marquis Arioste était intime avec Voltaire à Bruxelles. La dernière descendante du poète, la comtesse Arioste, mourut à Ferrare en 1878, à l'âge de quatre-vingt-dix ans.

L'Arioste nous donne dans ses Satires, avec une rare candeur , un tableau de son esprit et des vicissitudes de sa vie. Il était d'un caractère enjoué et ouvert, épris de plaisir et sensible aux attraits de l'amour, mais fidèle et sincère envers ses amis, et très généreux envers ses nombreux frères et sœurs. Titien était parmi ses amis, et le grand peintre nous a conservé les traits du grand poète. De curieuses anecdotes sont racontées sur son absence d'esprit lorsqu'il est plongé dans ses pensées. Un jour, il parcourait les rues de Ferrare en robe de chambre et ne se rendait pas compte de ses vêtements jusqu'à ce qu'une connaissance l'aborde et lui en fasse part. Il se bâtit une petite maison et plaça une inscription latine sur l'entrée, et quand quelqu'un remarqua qu'elle était bien petite pour celui qui avait décrit de si splendides édifices dans ses vers, il répondit que les fabriques de l'imagination s'édifient avec peu de chose : et ceux en pierre et en mortier, à grand prix. Sa mort, conséquence d'une indigestion, due à la rapidité avec laquelle il prenait ses repas pour retourner à ses études, eut lieu en 1533.

Pour apprécier pleinement le génie de l'Arioste, il faut comprendre l'esprit de son époque, car chez lui se sont développés, plus pleinement que chez tout autre écrivain de l'époque, les qualités morales et intellectuelles qui ont donné leur cachet à l'époque mémorable de l'Arioste. Renaissance. Le goût, l'amour du beau, la simplicité classique, l'imagination vive, la légèreté éthérée du toucher qui caractérisent les productions des grands peintres contemporains, sont réunis avec autant de perfection dans les vers de l'Arioste que dans leurs toiles et leurs fresques. Il avait, avec les mérites de son âge, ses défauts : le manque d'élévation morale, la frivolité et l'absence d'enthousiasme religieux.

Il n'était donc pas fait pour être un poète héroïque dans le style rigide et conventionnel, et ce n'est que lorsqu'il eut essayé et abandonné de nombreux sujets qu'il se découvrit quelque chose d'infiniment plus frappant et original. Il découvre enfin dans le sujet qui a inspiré Pulci et Bojardo une mine inépuisable de poésie, et il reprend le fil du récit là où l'avait laissé le poème inachevé de Bojardo , et produit l'un des plus grands chefs - d'œuvre de toute la littérature.

Il est incomparable par l'aisance et la clarté de son style, qui ne faiblit pas un seul instant dans les quarante-six chants de l'œuvre. On dit qu'il a écrit avec le plus grand soin, qu'il a beaucoup corrigé et pas peu effacé. La strophe du premier chant :

"La verginella est simile alla rosa",

il a écrit neuf fois avant d'être satisfait. Galilée avoua qu'il devait la lucidité de son style à l'étude assidue de l'Arioste, mais l'accusa d'introduire des vers pour la rime ; mais nous pouvons pardonner une tache occasionnelle dans un ouvrage d'une si immense longueur.

Il nous dit lui-même qu'il s'est imprégné de l'esprit des poètes latins, notamment de Catulle, et l'on retrouve dans ses œuvres l'urbanité de l'époque augustéenne unie à une force et une vivacité d'imagination inconnues des Romains. Avec beaucoup de jugement, il a amélioré les indications qu'ils lui donnaient, et la manière gracieuse avec laquelle il introduit occasionnellement des allusions mythologiques semble avoir été le modèle de Milton lorsqu'il a fait de même. Bien qu'il apprécie la flatterie de Virgile envers Auguste à sa juste valeur lorsqu'il dit :

> "Non, c'est cosi saggio e grand Augusto
> Come la tromba di Virgilio suona ,
> E per avere in poesia buon gusto
> Les proscrizioni unique gli perdone ,"

il ne peut pas lui-même être acquitté de l'accusation de flatterie grossière envers la maison d'Este, sans même avoir l'excuse de Virgile, car on sait avec quel peu d'applaudissements ses clients reçurent son chef-d'œuvre. Certains critiques ont affirmé qu'il avait choisi son sujet simplement parce qu'il pouvait introduire le personnage de Ruggiero, ancêtre de ses clients, mais, heureusement pour la gloire de l'un des plus grands esprits humains, il n'y a aucune raison de croire à cette calomnie. Le sujet s'est recommandé au poète par ses propres mérites, comme le confessera tout lecteur franc, après avoir parcouru l'ouvrage. Il est impossible d'entrer dans le dédale des incidents de l' *Orlando Furioso* sans être déconcerté, étonné, ébloui et perdu dans toutes les merveilles évoquées par l'imagination du poète. Son génie était essentiellement narratif (comme le prouve le fait que ses comédies étaient si inférieures à son épopée), et son sujet lui permettait d'entasser histoire sur histoire et de développer l'aventure à partir de l'aventure.

Aucun poète n'a jamais fait de plus beau compliment à un autre que Byron à Scott, lorsqu'il l'appelait l'Arioste du Nord, et le poète italien le Scott du Sud.

> "Qui, comme l'Arioste du Nord, vaut."
> Sang ladye - amour et guerre, romance et chevalerie

Ce n'était pas un simple compliment, mais un très juste parallèle, et il serait difficile de décider lequel des deux poètes était le plus grand. Scott avait certainement plus de pouvoir pour définir son caractère ; mais l'Arioste avait une imagination, sinon la plus riche, du moins la plus vive. Si l'on ne prend en considération que les œuvres poétiques de Scott, l'Arioste aurait l'avantage ; mais si les romans en prose de Scott sont mis dans la balance, ils font pencher la balance en sa faveur . Les deux poètes étaient, comme les appelait Byron, des bardes de chevalerie, mais la chevalerie de Scott était celle de l'âme, et celle de l'Arioste était trop souvent celle de l'épée. Peut-être pourrions-nous parvenir à une conclusion satisfaisante en disant que l'Arioste était le plus grand poète et Scott le plus noble.

La rapidité du style de l'Arioste est telle que je ne connais pas de poème plus concis que cette épopée, contenant plus de quarante mille vers. Une de ses astuces pour attirer l'attention ou éveiller la curiosité du lecteur est d'interrompre une histoire au milieu, de passer à d'autres incidents et de conclure l'épisode interrompu dans un chant ultérieur. Le badinage gracieux avec lequel il nous amuse lorsque l'intérêt menace de faiblir, est très judicieusement introduit, car un tel sujet traité avec une morosité solennelle et une lourde pompe deviendrait extrêmement ennuyeux.

Chaque chant a une introduction, aussi ingénieuse dans la pensée que belle dans l'expression. L'introduction la plus intéressante est probablement celle du dernier chant, où il représente ses contemporains le félicitant de l'achèvement d'une œuvre si ardue ; mais d'autres méritent à peine moins d'éloges ; par exemple, celui sur la jalousie, et celui dans lequel il énumère les grands peintres de l'époque, entre autres Michel-Ange :

> " Quel che a par sculpe e colora ,
> Michel, plus le mortel, Ange Divin ."

La rapidité de ses transitions est vraiment étonnante. Il fait tournoyer le lecteur en deux lignes d'un bout à l'autre du monde. Lorsque nous sommes harcelés et lassés par la vitesse essoufflée de son Pégase, il s'arrête, prodiguant toutes les richesses de son esprit sur une description ou un incident. Il se révèle ici le merveilleux poète qu'il est. La jeune fille enchaînée à un rocher et sur le point d'être dévorée par le monstre marin ; Zerbino et Isabelle, Ginevra et Ariodante ; surtout Alcina et son jardin magique ; et, non inférieure à aucun passage des plus grands poètes, la frénésie d'Orlando : ce ne sont là que quelques-uns des passages merveilleux qui placent son Épopée parmi les plus nobles productions de l'esprit humain.

Son style est peut-être, sinon le plus élevé , du moins le plus parfait de tous les poètes italiens ; il est si doucement varié, si gracieusement et judicieusement orné de métaphores et de tropes, si pittoresque dans sa description, si vivant dans son récit, si délicieusement gradué pour donner la coloration appropriée aux pensées du poète. La seule qualité qui lui manque peut-être est l'expression d'une émotion profonde, que ses vers joyeux et animés atteignent rarement. On ne peut pas non plus dire qu'il fasse jamais preuve d'une grande profondeur de pensée, de sorte qu'on cherche en vain dans ses œuvres ces éclairs merveilleux qui irradient le mystère des choses. A ce manque est liée l'absence d'individualité frappante chez beaucoup de ses personnages ; ce sont des chevaliers et des sarrasins comme le veut la tradition. Lorsqu'il le choisit, cependant, il peut individualiser ses personnages, comme Angélique, ou Orlando et Alcina , avec beaucoup de succès, et de nombreuses observations intercalées tout au long de l'œuvre montrent une profonde compréhension de la nature humaine. Voltaire, fervent admirateur de ce poète, disait qu'il connaissait mieux le cœur humain que l'on n'en trouve dans toutes les épopées et tous les romans, depuis l' *Iliade d'Homère* jusqu'à *Pamela de Richardson*. Il regrettait que Mme du Deffand n'ait pas appris l'italien pour lire un poète aussi admirable. Il dit dans un de ses derniers poèmes :

"Je relis l'Arioste ou même la Pucelle ."

La *Pucelle* , en effet, a été écrite en émulation de l' *Orlando Furioso* auquel elle ne ressemble pas plus qu'une statue de Silène ne ressemble au Jupiter d' Otricoli .

Personne n'a représenté plus fidèlement l'effet produit par l'Arioste sur l'esprit que Leopardi dans les lignes suivantes :

> " Nascevi ai dolci sogni intanto , e il primo
> Sole splendeati in vista,
> Cantor vago dell' arme e degl ' amori ,
> Che in età della nostra assai men trista
> Empièr la vie de bonheur erreur ,
> Nova spème d'Italie . O torri , O celle ,
> O donne , O cavalieri ,
> O giardini , O palagi ! un voila pensando ,
> Dans mille vane amenità si Perde
> La mente Mia ."

L'Arioste commença son grand poème en 1505, à l'âge de trente et un ans, et le termina en 1516 ; mais l'année précédant sa mort, il publia une édition avec d'innombrables modifications et améliorations, et avec six chants supplémentaires, et c'est sous cette dernière forme qu'elle est descendue à la postérité. A sa mort, il laisse cinq chants d'une épopée inachevée, intitulée *Rinaldo Ardito* , *dans laquelle* réapparaissent de nombreux personnages d' *Orlando ;* mais le fragment est dans un état très imparfait et n'approche en rien la beauté de l'œuvre achevée.

CHAPITRE VII.

POÈTES CONTEMPORAIN DE L'ARIOSTE.

L'époque de l'Arioste est remarquable par la première apparition du vers blanc dans la langue italienne. L' *Italia Liberata* de TRISSINO , au sujet des victoires de Bélisaire sur les Goths, est la première œuvre de ce mètre . Trissino se croyait un second Homère, et son épopée est pleine d'imitations peu judicieuses de l' *Iliade*. La scène entre Jupiter et Junon sur le mont Ida est transférée à Justinien et Théodora, au palais de Constantinople, avec des amplifications très voluptueuses. Plus qu'avec cette lourde épopée, Trissino a rendu service à son pays en écrivant la première tragédie italienne, *Sofonisba* , une œuvre contenant des passages presque dignes d'Euripide. Avec un style moins langoureux et moins prosaïque, Trissino aurait pu obtenir un succès considérable dans le drame.

Le poète qui se rapprochait le plus de l'Arioste en termes d'élégance de style, bien que loin de posséder un feu et un génie égal, était FRANCESCO BERNI , mentionné dans un chapitre précédent, comme ayant refondu l' *Orlando Innamorato* de Bojardo . Il ne peut pas avoir eu un esprit très original, sinon il ne se serait pas soumis à la corvée de réécrire, ligne par ligne, l'œuvre d'un autre homme, alors qu'il aurait pu être employé à ses propres poèmes ; mais il avait beaucoup de vivacité et de fougue, comme l'attestent ses Satires et ses Sonnets. Ils sont devenus si populaires que la poésie légère et comique a été appelée en son honneur, *Poesia. Bernesca* . Sa fin fut plus tragique que ses œuvres. Malheureusement pour lui, il vécut à Florence dans l'intimité de la famille Médicis. Une amère querelle éclata entre le duc Alexandre et le cardinal Hippolyte. Le duc s'efforça de soudoyer Berni pour qu'il empoisonne le cardinal, et comme celui-ci refusait de participer à un crime aussi terrible, Alexandre le fit empoisonner à son tour, de peur qu'il ne révèle le secret de sa culpabilité.

LUIGI ALAMANNI était un écrivain infatigable de poésie. Il écrivit deux énormes épopées, *Giron il Cortese* et l' *Avarchide ;* mais il faudrait la diction musicale de l'Arioste pour faire vivre de telles productions ; et, malheureusement, Alaman, bien qu'écrivain érudit et minutieux, n'avait rien de comparable aux pouvoirs de versification de l'Arioste. L'ouvrage qui lui rend le souvenir le plus honorable est un poème didactique, *La Coltivazione* , sur le même sujet que les *Géorgiques.*

GIOVANNI RUCELLAI , neveu de Laurent le Magnifique, doit également aux Géorgiques son poème *Le Api* (sur les abeilles), en vers blancs, dont il y a une excellente défense dans les lignes d'introduction, le passage le plus original et le plus agréable. dans le poème.

Monseigneur GIOVANNI DELLA CASA a acquis à son époque une immense réputation pour ses œuvres en prose et en vers, en latin et en italien ; mais comme son mérite réside exclusivement dans le style fini - ses pensées ne s'élevant pas au-dessus de la convention - il a été négligé pour les écrivains combinant une beauté de langage égale, sinon plus grande, avec plus d'originalité de pensée.

ANNIBAL CARO a rendu un service remarquable à son pays en lui donnant une traduction pleine d'entrain de l'*Énéide*, et ses œuvres en prose et en vers sont toutes caractérisées par la vigueur du style. Il est passé d'une origine modeste à une richesse et une notoriété considérables, et il est devenu célèbre en raison d'une amère querelle avec un critique contemporain du nom de CASTELVETRO. Il avait écrit un poème faisant l'éloge de la Maison des Valois, "Venite all'ombra de' gran gigli d'oro ", et Castelvetro y écrivit une critique acerbe et acrimonieuse, à laquelle il rétorqua dans son *Apologia avec* une rancune presque insensée. Castelvetro ne tarda pas à répondre, et Caro est soupçonné d'avoir usé de toute son influence pour ruiner la carrière de son adversaire.Mais il est pénible de s'attarder sur ces bouillonnements de méchanceté, malheureusement trop fréquents dans les annales de la littérature.

LE CARDINAL BEMBO était un écrivain d'une élégance minutieuse. On rapporte qu'il possédait quarante portfolios, dans le premier desquels il mit la première ébauche de ses ouvrages ; dans le second, le second ; et ainsi de suite jusqu'à ce que la quarantième révision atteigne le quarantième réceptacle, après quoi seulement il laisserait l'ouvrage voir le jour. Ses productions sont telles qu'on peut s'y attendre d'un homme aussi minutieusement laborieux. Il s'intéresse plus aux mots qu'aux réalités. Sa poésie est calquée sur Pétrarque, sa prose sur Boccace. Il a écrit une *Histoire de Venise* en douze livres, initialement en latin, qu'il a lui-même traduit en italien. Un dialogue intitulé *Gli Asolani*, est intéressant pour les lecteurs anglais en raison de la similitude de son titre avec *Asolando de Browning*. Le nom est tiré d'Asolo, un endroit sur le continent non loin de Venise, où il aimait se retirer, comme le fit Browning trois cents ans plus tard. Ses lettres sont considérées comme sa meilleure production, étant moins élaborées que ses autres œuvres. Ses œuvres latines sont entièrement calquées sur celles de Cicéron.

FRANCESCO GRAZZINI, surnommé IL LASCA, était une sorte de Berni inférieur dans ses poèmes, mais il est remarquable comme l'un des fondateurs de l'Académie florentine de la Crusca.

BERNARDINO ROTA, un Napolitain, a écrit des poèmes vraiment pathétiques sur la mort de sa femme.

Le XVIe siècle fut remarquable par trois poétesses au mérite considérable : VITTORIA COLONNA, GASPARA STAMPA et VERONICA GAMBARA . VITTORIA COLONNA était la veuve du marquis de Pescara et dédie plusieurs de ses vers à sa mémoire. GASPARA STAMPA , originaire de Padoue, était profondément amoureux de Collatino Collalto , et a exprimé sa passion dans de nombreux Sonnets, dont certains atteignent une beauté et une dignité considérables. VÉRONIQUE GAMBARA , de Brescia, a produit quelques nobles vers, notamment le beau Sonnet dans lequel elle implore, au nom du Christ, Charles V et François Ier, de mettre fin à leurs hostilités.

Bien qu'il ait vécu jusqu'à la fin du siècle, nous pouvons, par commodité, mentionner ANGELO DI COSTANZO dans ce chapitre. Il est né à Naples, en 1507, d'une famille riche et noble, mais malgré sa richesse, il eut beaucoup de chagrins. Don Pedro de Toledo, vice-roi de Naples, le bannit de sa ville natale. Sa première femme est décédée dans sa jeunesse ; sa seconde femme lui causa beaucoup de malheur par sa mauvaise conduite ; et pour comble de malheur, il vécut en déplorant la perte de ses deux fils. Il a fait appel en vain pour pouvoir rentrer chez lui. Ses pétitions furent rejetées et il mourut dans le chagrin et en exil en 1591. Certains de ses poèmes sont éminemment beaux ; son Sonnet sur Virgile, " Quella cetra gentil", est à juste titre célébré. En prose, il écrivit une histoire de Naples, fréquemment réimprimée.

En examinant la poésie de cette période, à l'exception brillante de l'Arioste, le résultat est peut-être un sentiment de déception. Certes, les réalisations ne sont pas à la mesure de la culture et de l'intellect incontestables des écrivains. Il n'y a rien (toujours à l'exception de l'Arioste) qui a retenu l'attention du monde. Comme les poètes sont différents à cet égard des peintres de la même époque ! Comme c'est obscur aux côtés de Michel-Ange, Raphaël, Corrège, Titien, Giorgione, Sébastien del Piombo , Tintoret, et toute la galaxie scintillant à jamais dans le ciel de l'Art ! Certains esprits puissants, comme Vida et Fracastoro , furent détournés vers la voie de la poésie latine ; mais je pense que la principale explication de l'infériorité des poètes est leur manque de sujets vraiment beaux ; car comment un poète peut-il écrire noblement s'il n'a pas de thème adéquat pour ses vers ? Leur poésie amoureuse s'inscrivait trop dans le rythme pétrarque ; leur poésie héroïque était trop portée à prendre la forme d'épopées lourdes, totalement illisibles sans les grâces de l'Arioste. L'enthousiasme religieux semble avoir été éloigné de leur esprit. Il fallut qu'une autre génération se lève pour que le feu soit à nouveau allumé sur le sanctuaire de la Poésie.

CHAPITRE VIII.

MACHIAVEL ET LES PROSATEURS DU XVIE SIÈCLE.

Nicolas Machiavel , le penseur le plus profond et le politicien le plus passionné de son siècle, est né à Florence le 3 mai 1469. En 1498, il fut nommé secrétaire d'État de la République florentine. Mais cette dignité fut la cause de son adversité ultérieure. Lorsque la famille Médicis fut rétablie au pouvoir à Florence, il fut emprisonné, condamné à une amende et même soumis à la torture. Il bénéficie d'une amnistie accordée par Léon X à son avènement, mais il est relégué dans la pauvreté et l'obscurité. Impatient des deux, il s'attira les faveurs de la dynastie régnante, mais telle fut la malchance qui le poursuivit régulièrement tout au long de sa vie, qu'à peine eut-il acquis un certain degré de faveur que les Médicis furent de nouveau expulsés de Florence, et lui, comme un de leurs partisans était considéré par le parti triomphant avec suspicion et hostilité. Il ne survécut pas longtemps au naufrage de toutes ses espérances, mourant le 22 juin 1527.

Dans sa génération, l'Italie avait connu des jours difficiles. L'invasion de Charles VIII de France ouvrit les vannes d'un déluge de désastres ; et aux ravages du roi succédèrent le despotisme écrasant de l' empereur . L'immense richesse accumulée au cours de siècles de prospérité fondait rapidement. La République de Venise perdit une grande partie de son commerce à cause de la rivalité de la Hollande et du Portugal, et le courant commercial fut dirigé de l'Adriatique par la découverte du nouveau passage vers l'Inde autour du cap de Bonne-Espérance. L'extravagance téméraire de Léon X a épuisé le trésor papal ; un grand schisme religieux a coupé les approvisionnements abondants en provenance de pays lointains ; et le terrible sac de Rome, avec la rançon ruineuse exigée de Clément VII, acheva, l'année de la mort de Machiavel, une longue série de désastres. La liberté a été écrasée par les tyrans indigènes et les oppresseurs étrangers. Le présent était horrible avec d'innombrables blessures, l'avenir semblait plus noir que la tombe. Quelle merveille, dès lors, que les hommes cherchaient refuge contre de telles horreurs par toutes les subtilités que la diplomatie pouvait suggérer ? C'est là la véritable explication et la seule excuse de la politique tortueuse de Machiavel. Il est totalement sans scrupules, mais c'est le manque de scrupules d'un patriote aux abois qui a épuisé tous les autres moyens de légitime défense .

Pourtant, on ne peut nier que Machiavel est tout sauf une figure sympathique. Nous admirons l'acuité de son intellect comme nous admirons l'acuité d'une épée tranchante ; mais où sont l'amour de l'humanité, l'enthousiasme pour les grands idéaux, l'indignation d'un esprit noble face aux iniquités d'une époque mauvaise ? Merveilleuse est la pénétration de ses remarques ; sa perspicacité inégalée; louons ci-dessus la clarté et la précision de ses pensées. Aucun historien ne l'a jamais surpassé pour dérouler un panorama des événements passés. Aucun homme politique n'a jamais établi de règles plus sagaces pour atteindre un objectif. Aucun homme d'État n'a jamais discerné avec un œil plus attentif les symptômes de l'époque.

Mais si nous demandons quel profit a été tiré des efforts de cet esprit très perspicace et logique, quelle est la réponse ? Son nom est devenu le symbole d'un intrigant sans cœur, et ses œuvres brillent comme un météore du mal dans le ciel sombre et troublé de son siècle.

Un grand éloge est dû à son *Histoire de Florence*. Dans le premier livre, avec une lucidité concise que les historiens ultérieurs ont imitée sans la surpasser, il passe en revue les événements de dix siècles, et cette noble introduction est suivie d'un ouvrage qui montre au maximum les grands pouvoirs de son auteur.

Les *Discours sur la première décennie de Tite-Live* et *L'Art de la guerre* traitent tous deux du même sujet ; la nécessité pour une nation épris de liberté d'atteindre et de préserver un niveau élevé d'efficacité militaire. Le système d'embauche de condottieri vénaux avait profondément démoralisé les forces italiennes ; il avait même ouvert la voie à l'invasion de la France et à la domination de l'Espagne, et ses effets se faisaient sentir même jusqu'au milieu du siècle actuel, sans autre explication. Cela suffit à expliquer la soumission d'une nation avec une histoire telle que l'Italie à l'oppression des garnisons étrangères. Un patriote aussi clairvoyant que Machiavel ne pouvait manquer de voir le mal et d'indiquer le remède. Ses dépêches et sa correspondance sont également inestimables pour l'histoire de son temps.

Mais l'ouvrage associé par excellence à son nom est le traité intitulé *Il Principe*, un manuel destiné à un dirigeant qui désire conserver un trône instable et déjouer des ennemis sans scrupules. Il préconise, il est vrai, une politique qui échappe à toute pitié et à toute moralité dans la poursuite de son objet ; mais injustice envers Machiavel, il faut garder à l'esprit quel était son but. Il avait vu son pays désolé pendant des années par des envahisseurs cruels et rapaces, et il pensait, avec raison, que la seule chance de l'Italie contre ses ennemis était l'établissement de la domination d'un prince puissant et politique sur toute la péninsule. pour établir une norme de conduite pour un tel prince qu'il a écrit son livre.

Son histoire, *Belphégor,* et ses pièces de théâtre, parmi lesquelles la *Mandragore* occupe une place prééminente, sont spirituelles et vivantes, mais elles dépassent souvent les limites du décorum. Toutes ses œuvres sont entrecoupées d'innombrables preuves de la finesse de son observation, et le style est clair et énergique, mais manque quelque peu de couleur . Il a écrit quelques poèmes, mais ils n'ont ni grande valeur ni intérêt.

Machiavel est aussi sans doute le premier prosateur de son époque que l'Arioste est le premier poète. Après lui comme historien, bien qu'à un intervalle très éloigné, nous puissions placer son ami et concitoyen FRANCESCO GUICCIARDINI , né en 1480, mort en 1540. Il étudia le droit avec tant de succès à Florence, Ferrare et Padoue, qu'à l'âge de vingt-deux ans, il fut choisi pour donner une conférence sur les instituts de Justinien, et à l'âge de trente et un ans, il fut envoyé comme ambassadeur auprès de Ferdinand d'Aragon, poste qu'il occupe pendant deux ans. Avec l'aide de ce roi, Jules II obligea les Florentins à se soumettre à nouveau à la domination de la famille Médicis. Guicciardini était soupçonné par les amis de la liberté d'être mêlé aux négociations entre le pape et le roi et d'être un instrument de cette dynastie ambitieuse. Tel, en vérité, il a fait ses preuves ; et la dureté, la rancune et la vindicte caractérisaient sa conduite envers ses opposants politiques. Lors de la visite de Léon X à Florence en 1515, Guicciardini fut envoyé par la République pour le recevoir à Cortone. Aucune circonstance n'aurait pu s'avérer plus favorable à la carrière de l'historien. Léon X le considérait avec la plus grande faveur et le nommait à des charges élevées et importantes, que son successeur, Adrien VI, continua, et auxquelles Clément VII en ajouta ensuite d'autres. Lorsque la « Sainte Ligue », dirigée par le duc d'Urbino, fut formée contre l'empereur Charles Quint, Guicciardini en était l'un des principaux esprits. Mais les armes impériales prévalurent ; Clément VII dut se réfugier dans le château Saint-Ange et eut la douleur de voir Rome prise et pillée sous ses yeux. Les cruautés commises étaient atroces. Saint-Pierre lui-même était taché du sang des massacrés. D'énormes contributions furent prélevées sur les citoyens et une énorme rançon fut exigée du pape. Voyant Clément, lui-même Médicis, privé de liberté et même en danger de mort, les Florentins prirent les armes et expulsèrent l'odieuse dynastie. Mais l'inattendu s'est produit. Le pape blessé et l'empereur tyrannique se réconcilient ; et probablement pour expier les atrocités commises par ses forces, Charles V apporta une aide efficace à Alexandre de Médicis dans ses efforts pour regagner sa domination perdue sur Florence. Guicciardini devint l'instrument d'Alexandre, un tyran cruel et implacable, qui fut ensuite assassiné par son parent Lorenzino . Guicciardini fut un agent actif dans l'élection de Cosme Ier, et lorsqu'on lui reprocha d'imposer un autre tyran à son pays, il répondit que plus on assassinerait de princes, plus il y en aurait. Mais Cosimo se montra ingrat lorsque Guicciardini exigea la récompense de ses services ; une amère déception l'attendait ; il se retira des affaires publiques et vécut retiré à Arcetri , où il mourut.

C'est dans les heures de loisir de cette retraite qu'il écrivit l'histoire sur laquelle est fondée sa réputation littéraire. Il embrasse la période allant de l'invasion de Charles VIII à l'année 1532. C'est un ouvrage précieux et important ; mais, comme on peut le déduire des détails de sa vie, l'auteur ne montre aucune élévation ni pureté d'esprit. Sa vision de la nature humaine est basse ; son évaluation de ses semblables est dure et cynique. Mais si les couleurs sont désagréables, le tableau a de la valeur, et il aurait été une grande perte s'il n'avait pas été conservé pour la postérité.

Guicciardini est souvent lourd et prolixe, et de nombreuses histoires ridicules ont été racontées sur les souffrances des lecteurs qui ont consciencieusement parcouru tout l'ouvrage. Ainsi, on raconte qu'un plaisant gouverneur de province promettait une grâce gratuite à un condamné s'il lisait l'Histoire de Guicciardini de la première page à la dernière. Le prisonnier saisit volontiers cette occasion de recouvrer sa liberté. Il ne connaissait pas la tâche qui lui était imposée. Alors qu'il feuilletait page après page ces lourds volumes, une lassitude mortelle l'envahit, jusqu'à ce qu'enfin les détails interminables du siège de Pise épuisent sa patience. « Ramenez-moi aux galères », s'écria-t-il. "Plutôt que ça que la misère de travailler dur sur cet horrible livre."

AGNOLO FIRENZUOLA était un bon prosateur, mais un poète très inférieur ; en effet, le contraste entre les deux classes de ses œuvres est si grand qu'il est difficile de croire qu'elles puissent émaner de la même plume. La plus marquante de ses œuvres est un *Dialogue sur la beauté des femmes*.

PIER FRANCESCO GIAMBULLARI a écrit une *Histoire de l'Europe* depuis l'avènement de Charlemagne jusqu'en 913. L'histoire est inachevée, l'auteur mourant en 1555. Il fut l'un des fondateurs de l'Académie florentine della Crusca . Il a été très apprécié pour la dignité et la finition de son style.

 VASARI et CELLINI sont des noms célèbres dans les annales de l'art, le premier pour ses précieuses biographies de peintres, et le second comme sculpteur et travailleur de l'or et du bronze. Sa biographie est un remarquable mémorial de l'homme et de son époque.

BENEDETTO VARCHI possédait de nombreuses qualités d'historien compétent, mais comme il était à la solde du grand-duc Cosme Ier, son indépendance peut être plus que suspectée.

Contrairement à lui, JACOPO NARDI était un opposant acharné à la famille Médicis et, dans son *Histoire de Florence* de 1494 à 1531, il les peint dans les couleurs les plus noires . On ne pouvait pas permettre à un adversaire de la dynastie régnante de rester à Florence avec une telle détermination. Il fut contraint au bannissement et se réfugia à Venise, où il mourut après le milieu du siècle. En tant que biographe, il s'est distingué par sa vie d'Antonio Giacomini.

Le XVIe siècle a été fertile en historiens, car il faut en citer un autre chez BERNARDO SEGNI . Il écrivit l' *Histoire de l'Italie* de 1527 à 1555, soit trois ans avant sa mort. Face aux événements contemporains, il ne pouvait pas traiter son sujet avec l'indépendance requise, et vivant une vie tranquille et studieuse, on voit mal comment il pourrait rassembler des informations fiables, ou avoir accès à des documents importants.

VINCENZO BORGHINI était un antiquaire laborieux, qui a écrit un livre sur l' *origine de la ville de Florence.*

GIAMBATTISTA ADRIANI prétend poursuivre l'œuvre de Guicciardini dans son *Histoire de son temps,* mais elle est complète en soi et présente de nombreux mérites, tant sur le plan du style que sur le sujet. Adriani était célèbre à son époque comme orateur public, et ses *discours latins* étaient tellement admirés qu'ils furent traduits en italien dès qu'ils eurent lieu. Il mourut en 1579.

CAMILLO PORZIO , qui survécut jusqu'en 1603, écrivit plusieurs monographies historiques sur le royaume de Naples.

Si habiles qu'ils fussent dans tous les arts de la composition, les écrivains du XVIe siècle se livraient trop souvent à des prolixités redondantes. Conscient de ce défaut, BERNARDO DAVANZATI a décidé de cultiver la qualité opposée de la concision laconique. Il a brillamment réussi. Il traduisit Tacite, ce grand modèle de brièveté, et se vanta que sa traduction contenait moins de mots que l'original sans sacrifier une particule de sens. Il a écrit un livre sur la Réforme en Angleterre, une oraison funèbre sur Cosme Ier et plusieurs traités sur la finance et l'agriculture.

En passant en revue les écrivains de cette époque, nous sommes frappés du nombre et du mérite des historiens. Les autres prosateurs ne plaisent que faiblement aux lecteurs modernes. A l'exception de BALDASSARE CASTIGLIONE , qui, dans son *Cortegiano* , nous donne un agréable tableau des cercles les plus raffinés de la société italienne, et de Vasari et Benvenuto Cellini, ils ne révèlent pas grand-chose des mœurs et des coutumes de leur époque. Aucun Boccace n'est apparu pour représenter pour les temps futurs les hommes et les femmes de son époque.

Les nouvelles de BANDELLO et de LUIGI DA PORTO n'ont pas grand-chose à leur recommander, si ce n'est le fait qu'elles ont fourni à Shakespeare certaines de ses intrigues. Bandello, cependant, n'est nullement dénué de vivacité. STRAPAROLA , l'auteur de *Tredici Piacevoli Notti* et FIORENTINI , l'auteur *du Pecorone* , ont également eu l' honneur de fournir des indications au grand dramaturge. Il arrive trop souvent que l'extrême prolixité des écrivains du XVIe siècle noie leur pensée dans un océan de mots. Il est étrange que la grande convulsion de la Réforme n'ait produit aucun ouvrage théologique écrit en langue italienne. Les controverses se déroulèrent toutes en latin, mais même en latin rien ne se produisit dans la péninsule dont on se souvient aujourd'hui. En effet, la grande réaction catholique a eu pour effet de faire craindre aux écrivains l'offense. Il les confina de plus en plus dans les cadres académiques, favorisant ainsi malheureusement cette tendance au conventionnel et à l'irréalité qui plongea de plus en plus profondément la littérature italienne dans un bourbier de médiocrité.

CHAPITRE IX.

BERNARDO ET TORQUATO TASSO.

Il est rare que les poètes soient aussi romantiques que leurs poèmes, ou aussi intéressants que le fruit de leur imagination. Ainsi, lorsque surgit un poète doué d'une personnalité intéressante, l'attention qu'il suscite devient universelle. Tel fut le sort de TORQUATO TASSO . Il ne serait pas tout à fait injuste de dire que s'il n'avait pas souffert tant de malheurs, son nom ne serait pas un mot familier, car le mérite de ses poèmes soutient à peine la dignité de sa renommée.

Son père, BERNARDO , originaire de Bergame, est né en 1493 et est mort en 1569. Il était un écrivain en prose et en vers, son œuvre principale étant l' *Amadigi* , une épopée d'une longueur immense, bien et soigneusement écrite, mais sans aucun étincelle de génie. Il fut attaché à la cour de Ferrante Sanseverino , prince de Salerne, et lorsque son maître fut chassé de ses domaines par l'empereur Charles Quint, il suivit sa fortune, laissant sa femme, Properzia de' Rossi, et ses trois enfants, le plus jeune dont Torquato , née en 1544, aux soins de ses proches. Son dévouement à la fortune déchue du prince de Salerne fut la cause de bien des chagrins de son illustre fils. Son patrimoine fut mis sous séquestre et, à sa mort, il n'avait plus rien à laisser à ses enfants. Ce n'était pas non plus la plus grande de ses épreuves. Il ne revit jamais sa femme et lorsqu'il voulut l'avoir avec lui à Rome, elle était mourante. Tout ce qu'elle pouvait faire, c'était de lui envoyer le petit Torquato , dont l'éducation était désormais confiée aux soins du père.

La jeunesse montrait autant d'amour et plus d'aptitude à la composition poétique. À dix-huit ans, il publie son épopée *Rinaldo,* une œuvre merveilleusement mature pour un si jeune écrivain. Torquato Tasso faisait partie de ces poètes qui produisent leurs plus belles œuvres au début de leur carrière. Les œuvres qui seules se souviennent de lui ont toutes été réalisées avant sa trente-deuxième année. Son esprit acquit très tôt la pleine maîtrise de ses pouvoirs, et quand, comme la voix d'un chanteur, il perdit sa fraîcheur, il perdit aussi son charme. Corneille et Tennyson lui ressemblent par cette particularité de produire leurs chefs-d'œuvre dans une relative jeunesse, mais dans leur cas, la division entre les deux périodes n'est pas tout à fait aussi marquée que dans le sien. Corneille n'a produit aucun grand drame après *La Mort de Pompée* , mais certaines de ses tragédies ultérieures ont des éclairs occasionnels de son feu précoce. Tennyson n'a donné au monde aucune création mémorable après *Maud,* mais ses *Idylles du roi* offrent quelques détails poétiques, et quelques paroles ne sont pas dénuées de cette perfection qui caractérisait ses poèmes précédents. Mais le Tasse n'a produit absolument rien qui puisse, par quelque indulgence, ajouter à sa renommée après la publication du *Gerusalemme . Libérée* . Au contraire, il a plutôt nui à sa réputation en cédant aux injures de ses détracteurs, et en réécrivant sa grande œuvre sous le titre de *Gerusalemme . Conquistata* , et produisant une épopée si faible et si sans vie qu'elle tomba immédiatement dans un complet abandon.

Aussi précoce qu'il fût dans la manifestation d'un génie brillant, son père tenait à ce que de tels pouvoirs soient cultivés au maximum, et Torquato fut envoyé étudier le droit à Padoue. Mais la loi n'était pas à son goût. Son *Rinaldo* lui valait une immense renommée, et il trouvait plus agréable de se prélasser au soleil de la brillante société qui le courtisait à l'aube de sa célébrité, que de consacrer des heures laborieuses à la poursuite d'une science aride et de mauvais goût. Aucun poète, à un si jeune âge, n'a jamais eu devant lui une si brillante perspective de renommée et de fortune. Mais l'étendue même de l'admiration qu'il suscitait jetait les bases des terribles désastres qui devaient le surprendre avant que de nombreuses années ne se soient écoulées.

Le cardinal Luigi d'Este, attiré par sa brillante réputation, lui propose un poste dans sa maison et une introduction à la cour de Ferrare. L'offre éblouissante fut acceptée par le poète ; mais la bonté du cardinal eut des résultats plus funestes que n'auraient pu accompagner les machinations de ses plus acharnés ennemis.

Au début, tout s'est bien passé. Le Tasse fit une impression favorable sur le duc Alfonso et sur ses deux sœurs, Lucrezia et Eleonora. Il accompagna le Cardinal dans une mission à la Cour de Charles IX de France, et après un séjour d'un an à Paris, où il fut fêté par les plus grands auteurs, dont Ronsard, alors au faîte de sa gloire, il revint à Ferrare pour recevoir nouvelles preuves de la faveur du duc . Mais plus il s'élevait dans l'estime de son maître, plus il excitait la jalousie de ceux qui étaient également ambitieux mais moins réussis. Il n'y a en effet aucune vérité dans la légende populaire de son amour pour la princesse Eleanora. L'objet de ses affections semble avoir été une dame de la Cour, Leonora Scandiano . Le poète Guarini était également amoureux de cette dame, et une amère hostilité résultait de la rivalité des deux poètes. L'envie maligne de ses adversaires était excitée par le brillant succès de sa pièce pastorale *Aminta* , créée en 1573. On parlait tellement de ce poème que la princesse Lucrezia, qui avait épousé entre-temps le duc d'Urbino, fit venir le Tasse pour le lire. à Pesaro. Elle était si contente de l'œuvre et de l'écrivain qu'elle l'invita à passer l'été dans son palais de Castel Durante. On dit que la beauté exquise des jardins et du terrain était dans son esprit lorsqu'il décrivait les jardins d'Armida à *Jérusalem* .

Ce fut la période la plus heureuse de la vie du Tasse. Il fut honoré de la faveur des plus hauts dirigeants du pays et de l'admiration de toute l'Italie. Il fut employé à merveille à l'achèvement de la grande épopée qui devait rendre son nom immortel. Jamais poète ne fut placé dans une position plus brillante, ni plus apparemment assuré d'une carrière splendide et triomphale.

Mais les graines du mal étaient déjà semées et les méfaits sont vite devenus apparents. Il acheva *Gerusalemme* en 1575 et, à partir de ce moment, sa tranquillité d'esprit disparut. Il est difficile de deviner s'il s'est surmené dans cette grande tâche, ou s'il a eu des causes secrètes de contrariété et d'humiliation, dont ses biographes ne savent rien, mais à partir de cette période, son caractère semble être devenu morbidement méfiant et irritable. Il était extrêmement sensible aux critiques et se harcelait lui-même ainsi que les autres en modifiant et en corrigeant sans cesse les passages contre lesquels des objections avaient été soulevées. Lorsque le poème fut enfin publié, quelque temps après son achèvement, il fut attaqué par l'Académie de la Crusca avec une dureté et une injustice considérables. Le grand défaut trouvé par l'Académie était que l'idiome n'était pas toujours purement toscan. Le tout premier vers du premier Canto a été pointé du doigt pour la censure :

"Chant l'arme pietose e il Capitano."

Le poète utilise le mot « pietose » dans le sens de « pieux », alors que l'Académie affirmait qu'il ne pouvait jamais signifier autre chose que « compatissant ».

Le Tasse n'était pas seulement inquiet de ces petites chicanes, mais il était aussi hanté par la terrible crainte que son orthodoxie religieuse puisse être contestée, et il s'adressa lui-même aux Pères de la Sainte Inquisition pour un examen et une justification. En vain les Pères lui assuraient avec une cordialité unanime qu'un tel procédé était tout à fait superflu et que la pureté de sa foi n'avait jamais été mise en doute un seul instant ; il se déclarait toujours insatisfait, et il continua longtemps à se tourmenter de scrupules religieux.

Le duc de Ferrare, sans doute très satisfait du succès du chef-d'œuvre de son poète de cour, nomma le Tasse son secrétaire particulier lorsque ce poste devint vacant à la suite de la mort de Giambattista . Pigna en 1577. Probablement les devoirs pénibles et les lourdes responsabilités de cette nomination lui pesaient d'un nouveau poids d'inquiétude, et il se sentait peut-être devenu plus que jamais l'objet de méchanceté et d'envie ; quelle qu'en soit la cause, une excitabilité proche de la frénésie et une suspicion proche de la folie se trahissaient de plus en plus dans ses paroles et dans ses actes. Il crut, peut-être non sans raison, que certaines de ses lettres avaient été interceptées ; il croyait fermement, quoique avec moins de fondement, qu'il y avait un complot visant à l'empoisonner. Il éprouvait aussi le désagrément, particulièrement irritant pour un auteur, de savoir que de fausses copies de sa grande épopée circulaient dans toute l'Italie, pleines d'erreurs et de passages interpolés.

Toutes ces causes d'inquiétude culminèrent en une violence effroyable au mois de juin de cette année fatale. Un soir, dans les appartements de la princesse Lucrezia, et même en sa présence, il sortit un poignard et poignarda un domestique qu'il soupçonnait d'être mêlé au vol de quelques documents disparus. Il fut arrêté et le duc ordonna de le garder étroitement prisonnier. Lorsqu'il fut libéré de captivité, il était si excité de chagrin et d'indignation que tous les observateurs le considérèrent comme fou. Il se réfugie dans un monastère franciscain ; mais lorsque le duc refusa de recevoir ses lettres, il redouta les effets de la colère de son maître, et s'enfuit de Ferrare dans un état pitoyable, sans ses manuscrits, sans vêtements suffisants et sans une parcelle d'argent. Il semble en fait avoir mendié de Ferrare à Sorrente, près de Naples, où sa sœur était mariée à Marzio . Sersale . Il serait difficile de trouver un épisode plus pittoresque dans la vie d'un poète que celui du Tasse se présentant à sa sœur sous l'habit d'un mendiant. Elle reçut le malheureux voyageur avec hospitalité et affection, l'accueillit dans sa maison, et lorsqu'il fut suffisamment remis des fatigues de l'esprit et du corps pour discuter de ses affaires, lui donna le sage conseil de ne jamais retourner à la cour de Ferrare.

Malheureusement, cet avis fut rejeté ; mais pour être parfaitement juste dans notre appréciation de la conduite du Tasse, nous devons garder à l'esprit la situation des hommes de lettres du XVIe siècle en Italie. L'absence totale de lois sur le droit d'auteur rendait impossible, même à l'écrivain le plus populaire, de tirer une rémunération de ses livres, car dès qu'ils gagnaient en popularité, ils étaient pirates sans vergogne dans toute la péninsule. Aussi extrêmement populaires qu'ils furent, même de leur vivant, il ne semble pas que ni l'Arioste ni le Tasse aient jamais profité d'un seul scudo de la vente de leurs poèmes. Ainsi , un écrivain, à moins de posséder des moyens suffisants ou d'occuper une fonction lucrative, dépendait entièrement pour son pain de la faveur inconstante des grands. Le Tasse, à la suite des revers éprouvés par son père et de la mise sous séquestre de ses biens, était absolument dépourvu de tout ce qu'il pouvait appeler sien, et devait même le strict nécessaire à la vie à la générosité du prince que sa conduite violente avait eue. il faut l'admettre, à juste titre offensé. Si grande que soit sa réputation, il pouvait fort bien douter qu'un autre souverain en Italie lui accorderait ne serait-ce qu'un quart de faveur similaire après la conduite imprudente et violente dont il s'était rendu coupable.

Quelles qu'aient pu être ses motivations, il écrivit encore et encore à Alphonse et aux princesses pour demander pardon de ses erreurs et pour obtenir la permission de revenir. Eléonora seule lui répondit, et sa réponse n'était pas encourageante. La mortification d'être repoussé était sans doute intolérable à son esprit fier. Il abandonna Sorrente et la sœur dont il aurait dû estimer l'affection avant toutes les faveurs des princes. Il se rendit directement à Ferrare, mais les portes du palais lui furent fermées, et pour ajouter à ses afflictions, le duc refusa que ses manuscrits lui soient remis. Il était seul et sans ressources, et l'amertume de sa chute était accrue par les railleries de ceux qui, au moment même de sa disgrâce, lui avaient envié l'éclat de son triomphe. Sans un morceau de pain à manger, ni un toit sous lequel s'abriter, il vendit quelques bibelots précieux qui lui avaient été offerts dans des jours plus heureux par la princesse Lucrezia, et avec le produit il traversa Mantoue et Padoue jusqu'à Venise. .

Dans ces villes, il semble avoir été reçu avec la considération due à sa renommée poétique ; mais la douloureuse question de savoir où il trouverait un foyer permanent lui vint à l'esprit dans les moments d'anxiété et de tristesse. C'est étrange à dire, mais l'aide lui est venue d'un côté inattendu. Le mariage du duc d'Urbino avec la princesse Lucrezia s'était terminé très malheureusement, et les époux étaient maintenant séparés. Le duc pensa probablement que le meilleur moyen d'irriter la maison d'Este serait de montrer sa faveur au poète qui avait été expulsé de Ferrare dans une si profonde disgrâce, et le Tasse devait à la rancœur et au ressentiment ce répit temporaire du malheur qu'il pourrait j'ai imploré en vain l'estime et l'humanité.

Le duc finit par se lasser du poète capricieux et irritable, et le Tasse trouva opportun de se retirer à Turin. Il ne reçut aucune considération de la maison de Savoie, et de nouveau sa mauvaise étoile le conduisit à la cour de Ferrare.

Au mois de février 1579, il revint à Ferrare au moment où elle était la plus gaie, à l'occasion du mariage du duc avec Margherita Gonzaga, fille du duc de Mantoue. Mais le Tasse était considéré avec aversion comme un intrus. Il fatiguait ceux qui ne voulaient pas le voir avec de longues histoires de ses griefs et avec des invectives amères contre l'ingratitude princière. Ces invectives devinrent plus féroces, jusqu'à ce que, après un point culminant de violence insensée, la patience du duc fut épuisée, et il fit arrêter le malheureux poète et le jeter dans une cellule de la maison de fous de Ferrare.

Ici, le Tasse a langui pendant plus de sept ans, jusqu'en juillet 1586. Les admirateurs les plus zélés du poète ne peuvent nier qu'il ait provoqué sur lui cette terrible catastrophe. On ne peut reprocher au duc d'avoir ordonné son incarcération ; en fait, dans l'état frénétique de son esprit au moment de son arrestation, c'était probablement la meilleure chose qui pouvait lui arriver. S'il n'était pas placé sous contrainte, il aurait pu se blesser ou même attaquer d'autres personnes. S'il avait été retenu en captivité pendant quelques semaines, voire quelques mois, jusqu'à ce que le paroxysme de sa frénésie se soit dissipé, le duc n'aurait pas encouru l'odieux qui noircirait ensuite sa mémoire. Mais la difficulté particulière de l'emprisonnement du Tasse était sa longue durée. Une courte période de contention aurait pu en fait être bénéfique, mais sept années de captivité sombre ont aggravé la maladie qu'elles étaient censées guérir, et il n'est pas étonnant que le patient soit passé d'une excitabilité sauvage à un désespoir maussade.

C'est à ses geôliers de dire qu'il n'a pas été traité avec l'inhumanité que l'on croit généralement. Des visiteurs étaient admis en sa présence, il lui était permis occasionnellement de se promener dans la ville de Ferrare et ses environs ; ses manuscrits lui furent restitués ; il était libre de recevoir les lettres de ses amis et de tromper par la composition les longues heures de captivité. Mais le fait irritant restait qu'il était prisonnier, et un esprit naturellement enclin à la mélancolie était encore plus obscurci par le contraste entre la dure réalité et les brillantes espérances nourries par les triomphes de sa jeunesse. Il écrivit à de nombreux nobles et princes d'Italie, les implorant d'user de leur influence pour obtenir sa libération. Ces lettres ne semblent avoir été ni interceptées ni retardées. De fortes représentations furent sans doute faites auprès de la Cour de Ferrare pour obtenir la libération de celui si doué et si malheureux. Malheureusement pour son crédit et son honneur , Alphonse se montra inflexible, et ce qui était à l'origine une discipline salutaire devint finalement une tyrannie détestable.

De nombreuses opinions différentes ont été exprimées quant à savoir si le Tasse était vraiment fou. Montaigne, qui voyageait en Italie au moment de son incarcération, lui rendit visite dans sa cellule et laissa une description pitoyable de la misère apathique dans laquelle il le trouvait, comme si ses forces d'endurance étaient épuisées par la souffrance et rien que la stupeur. du désespoir restait. D'autres montraient les poèmes, les essais, les lettres qu'il écrivait en captivité, et demandaient d'un ton indigné si l'auteur de compositions si pleines de pensée et de diction si parfaite pouvait être fou ? Particulier, il l'était sans aucun doute ; mais il avait expié ses erreurs par de graves souffrances, et n'était-il pas raisonnable de supposer qu'il avait appris une leçon salutaire et qu'il ne répéterait pas, s'il était rendu à la liberté, les regrettables folies du passé ?

Cette considération, sans doute, après tant d'années, inclina Alphonse à la clémence, et lorsque son beau-frère, Vincenzo Gonzaga, intercéda pour le malheureux poète, il ne rencontra pas le refus sévère donné aux autres, mais fut pouvoir se vanter d'être le seul parmi tant de pétitionnaires à avoir obtenu la libération du Tasse.

La porte de la cellule où l'auteur du *Gerusalemme* avait croupi pendant tant d'années s'ouvrit et il fut libre d'aller où il voulait. Comme on peut l'imaginer, il fut guéri de son désir de figurer à la cour de Ferrare, et il quitta les domaines inhospitaliers pour ne jamais revenir.

Vincenzo Gonzaga l'a emmené à Mantoue, où il a passé le temps immédiatement après sa libération. Mais la réaction, après une si longue période de misère, fut trop éprouvante pour son corps affaibli. Il abandonna les cercles brillants de Mantoue pour une retraite plus tranquille à Bergame avec certains de ses proches. Ici, il termine sa tragédie de *Torrismondo* , commencée de nombreuses années auparavant, mais abandonnée, d'abord parce qu'il était occupé à la tâche ardue de sa grande épopée, puis parce que sa propre vie dérivait vers une tragédie transcendant de loin les tristesses mimiques de la scène. .

A Bergame, il apprend que son libérateur, Vincenzo Gonzaga, lui a succédé au duché de Mantoue. Quelque chose de son ancien espoir de succès courtois ressuscita dans le cœur blessé de Torquato . Il quitta sa demeure provinciale et se précipita vers le palais de son bienfaiteur pour déposer à ses pieds la dédicace de *Torrismondo* . Il rêvait sans doute de riches nominations et de distinctions gratifiantes. Mais hélas! Vincenzo, gentil et humain envers le captif, semble avoir fait la sourde oreille envers le courtisan. Le Tasse avait le fâcheux don de rendre sa présence gênante pour ses clients. Son toujours vif sentiment d'injure fut touché au vif par la négligence du duc, et il ne perdit pas de temps pour quitter Mantoue pour se rendre à Rome. Mais ici de nouvelles mortifications l'attendaient. Le cardinal Scipion Gonzaga l'hébergea dans son palais, mais ne se montra ni cordial ni aimable. Il est probable que la crainte que sa folie puisse éclater à nouveau ait incité les gens à vouloir le tenir à distance. Sixte Quint, qui occupait alors la chaire papale, ne s'intéressait pas à la littérature et ne lui témoignait aucune attention, et l'exemple du pape fut suivi par la Société de la capitale.

Il quitta Rome avec une déception encore plus grande qu'il n'en avait éprouvé en quittant Mantoue. Il courut à Naples, où il n'eut aucune raison de se plaindre de l'accueil qui l'attendait, car il fut comblé de démonstrations d'admiration et d'affection. Mais le chagrin, la captivité et l'angoisse mentale avaient fait leur mauvaise œuvre ; il n'était que l'épave de lui-même, et il ne pouvait pas plus supporter la douceur de la louange que l'amertume de la négligence. Il fuyait la bonté des Napolitains et allait de lieu en lieu dans un pèlerinage fatigué, sans bonheur et sans repos. Le plus étonnant est de savoir, dans son état de dénuement, d'où venait l'argent qui lui permettait de voyager. Son esprit et sa santé étaient dans un état lamentable. Méfiant et mélancolique, il repoussait même ceux qui admiraient le plus son génie et plaignaient ses malheurs, et son sentiment toujours prêt d'injure amplifiait la moindre offense en une amère méchanceté. Mais malgré des pensées angoissantes et des pérégrinations inquiétantes, sa plume ne se repose jamais. Il a complété le *Gerusalemme Conquistata* , cette malheureuse « amélioration » de son chef-d'œuvre, dont on ne parle jamais mais qu'on regrette ; il a écrit un long poème en vers blancs sur la Création, et des dialogues et des essais en abondance et des lettres innombrables. En effet, il fut toute sa vie un correspondant infatigable, et il ne semblait jamais douter que les effusions de son esprit sur ses torts et ses griefs seraient aussi intéressantes pour les destinataires que pour lui-même. Certaines de ces lettres sont nobles et touchantes, mais trop d'entre elles trahissent un esprit douloureux et suppuré par une réflexion constante sur ses calamités. Mais devant un tel malheur, on ne peut que plaindre, on ne peut pas condamner.

Si grandes que soient ses erreurs et si capricieux que soit son caractère, c'était un homme dont son pays avait des raisons d'être fier, et il est agréable de pouvoir raconter qu'il était destiné à recevoir une reconnaissance tardive pour toutes les œuvres avec dont il avait enrichi la littérature italienne. Le cardinal Aldobrandini avait été élevé au fauteuil papal et avait pris le nom de Clément VIII, et lui et ses neveux tenaient à signaler son pontificat en rétablissant le couronnement de Pétrarque au Capitole en faveur d'un poète non moins illustre et plus malheureux. En conséquence, le Tasse fut convoqué à Rome, et il fut accueilli devant les portes par un immense concours de personnes et une brillante galaxie de cardinaux, de prélats et de nobles. Mais son corps était épuisé, et l'excitation de cette grande réception insufflait à peine assez d'animation pour cacher aux assistants l'approche rapide de la mort. Il était logé dans un appartement noble au Vatican ; le poète, condamné pendant tant d'années à la cellule d'un fou, se retrouva un hôte d'honneur au Palais des Papes.

Mais l'état et le cérémonial dont il était entouré étaient plus que ce que ses forces en déclin pouvaient supporter. Les sentiments religieux avaient toujours exercé une puissante influence sur son esprit sensible, et maintenant, quand il sentit sa fin approcher, il se retira au monastère de Sant'Onofrio , situé sur une éminence en dehors de la ville. Ici, dans la prière et la méditation, il attendait avec dévotion la libération de toutes ses peines. Les moines le soignaient avec soin et assiduité ; mais on rapporte de lui que ses anciens soupçons se ranimèrent par à-coups, et un jour il fit avaler à son serviteur le médicament qu'on lui avait ordonné de prendre, afin d'avoir la preuve oculaire qu'il n'était pas empoisonné.

Épuisé par ses nombreuses souffrances, il mourut paisiblement le 25 avril 1595, la veille de la réception des lauriers au Capitole. Mais il ne regrettait probablement pas que la mort l'empêche de jouir de ce symbole de grandeur. Comme le dit magnifiquement Leopardi, lui-même non moins familier avec le chagrin :

> " Morte domanda
> Chi nostro mal conobbe , e non ghirlanda ."

Il y a une convenance particulière dans le fait qu'un poète, si choisi pour le malheur, n'était pas destiné à porter la couronne d'un conquérant. Paisible après tant d'agitation, calme après tant de ressentiment amer, il s'enfonça pour se reposer dans ce monastère isolé, et pendant treize ans il resta dans l'église adjacente au paisible cloître sans aucune pierre pour marquer son lieu de repos, jusqu'à ce que le cardinal Bonifazio Bevilacqua élève une noble monument à sa mémoire, que peut encore voir le visiteur qui se rend à Sant' Onofrio pour rendre hommage d'un soupir à tant de gloire liée à tant de malheur.

Tasso était grand et actif ; son visage était beau, quoique plus tard assombri par la mélancolie. Dans sa jeunesse, il était un épéiste expert et habile dans tous les exercices corporels.

Les vicissitudes de sa vie offrent un matériau de narration et de description si pittoresque qu'il n'est pas étonnant qu'il soit devenu un thème favori des poètes et des biographes. La noble pièce de Goethe est familière à tous les amateurs de poésie. De ses biographes, le premier fut Manso , un noble napolitain, qui eut la singulière chance d'être, au cours de sa longue vie, l'ami de trois poètes épiques renommés, du Tasse lui-même, de Marino et du plus grand de tous, Milton, dont il fit la connaissance lors des voyages du poète anglais en Italie. Le Tasse le mentionne dans le *Gerusalemme Conquistata* :

> "Fra cavalier magnanimi e cortesi
> Risplende il Manso ."

Marino n'a pas oublié ses louanges et Milton s'est adressé à lui dans l'un de ses plus beaux poèmes latins. Il devait avoir des qualités frappantes pour se faire aimer d'hommes si éminents et si différents ; mais sa biographie, probablement parce qu'elle était la première, a donné lieu à de nombreuses légendes qui se sont répétées jusqu'à nos jours. Il semble avoir été quelque peu crédule et s'être trop appuyé sur les déclarations que lui faisait le Tasse lui-même, sans se méfier de l'imagination sauvage et passionnée de son informateur.

L'abbé Serassi , dans sa biographie publiée en 1785, fit ce que Manso avait négligé de faire. Il a passé au crible les preuves et examiné les documents ; et a donné au monde une image beaucoup plus proche de la vérité que celle qui avait encore été présentée ; mais il était réservé aux travaux infatigables d'Angelo Solerti pour produire une histoire vraiment exhaustive du poète.

Il faut avouer qu'en passant de la vie si pleine de passion et de romantisme du Tasse à sa poésie, on éprouve un certain sentiment de déception. S'il n'avait pas été un objet de sympathie et d'intérêt aussi frappant, on peut douter que ses œuvres auraient attiré autant d'attention qu'elles l'ont réellement fait. Compte tenu du panorama varié de la vie qui s'est déroulé devant lui et des souffrances mentales qu'il a endurées, il n'éprouve pas la profondeur de méditation passionnée à laquelle on pourrait s'attendre. Les traces qu'il en reste se retrouveront plutôt dans ses lettres que dans ses poèmes. Ce fait est très étrange et montre les limites de son talent. Il avait dans sa vie suffisamment de matériaux pour lui inspirer de grands poèmes lyriques, et pourtant on ne trouve rien dans ses odes, sonnets et madrigaux qui puisse être comparé aux plus beaux passages de Pétrarque, ou de Leopardi, ou même de Filicaia . Aucun de ses poèmes les plus courts n'impressionne de manière indélébile sur le lecteur : aucun ne brille avec l'intensité du feu lyrique.

Ne pouvant lui donner le titre de grand poète lyrique, nous nous demandons s'il fut un grand poète épique ou un grand poète dramatique.

Ses poèmes narratifs sont au nombre de quatre ; le *Rinaldo,* le *Gerusalemme Liberata* , la *Gerusalem Conquistata et* la *Sette Giornate del Mondo Creato* , un long ouvrage en vers blancs sur le thème de la Création. Son *Rinaldo* est remarquable parce qu'il a été écrit dans une si petite jeunesse ; sa *Gerusalem Conquistata* a été reconnu même par ses admirateurs comme étant un échec total. Il n'y a qu'un seul passage frappant, une prophétie du mal à la maison de Bourbon, qui semble prédire clairement les crimes et les horreurs de la Révolution française, et qui mérite de figurer parmi les prophéties poétiques à côté de la célèbre prédiction de la découverte de l'Amérique en la tragédie de *Médée* attribuée à Sénèque. La *Sette Giornate* a fourni quelques indices à Milton lorsqu'il est arrivé à la description de la création du monde au *Paradis perdu.* Il n'a cependant aucun mérite intrinsèque à le recommander, étant lourd et inintéressant au dernier degré. Ces trois poèmes avaient à peine assez de vitalité pour les maintenir en vie jusqu'à la fin du siècle au cours duquel ils furent écrits, et pour les lecteurs modernes, ils sont tout à fait morts. Et pourtant les sujets étaient suffisamment intéressants pour offrir de brillantes occasions de déployer les pouvoirs d'un grand écrivain. On ne peut s'empêcher de se poser la question : peut-il être un grand poète qui a laissé échapper de si brillantes opportunités ?

Sa pièce pastorale, *Aminta* , a beaucoup de douceur et de fraîcheur de style ; sa tragédie, *Torrismondo* , a quelques traits qui nous font penser que dans des circonstances plus heureuses et avec un esprit moins préoccupé de ses propres détresses, il aurait pu devenir un bon dramaturge ; mais les bergers et les nymphes de l' *Aminta* semblent insipides et mièvres aux lecteurs d'aujourd'hui ; et le *Torrismondo* n'a pas cette puissance convaincante que devrait posséder une tragédie.

Dans toutes ces œuvres, lyriques, épiques et dramatiques, le style du Tasse, bien que doux et fluide dans les premières productions, est étrangement dépourvu d'originalité et, par conséquent, de couleur ; et aucun écrivain n'était plus profondément imprégné de la phraséologie conventionnelle de la poésie de son époque. La pensée et le style sont également dépourvus de ces touches vives qui forcent l'admiration et assurent l'immortalité. Nous avons l'impression que le poète ne concentre pas toutes ses facultés mentales sur ses vers et que son attention est largement engagée ailleurs. Cette absence de pleine puissance est la seule trace dans ses poèmes de l'état désordonné de son esprit. De nombreux poètes, dont la santé mentale n'a jamais été mise en doute, ont des passages bien plus morbides et excentriques que ceux que l'on peut trouver dans les pages du Tasse. Il ne se livre jamais à des envolées folles , l'ordre de ses pensées est la lucidité elle-même ; et il n'y a pas de métaphores incohérentes et très peu exagérées. Au contraire, ils préféreraient gagner à un peu plus d'irrégularité. Ils sont si logiquement pensés qu'ils en deviennent parfois presque exaspérants.

On verra ainsi que ses prétentions au rang de grand poète reposent entièrement sur le *Gerusalemme Libérée* .

En considérant ce célèbre poème, la première pensée qui doit venir à l'esprit du lecteur est le choix extrêmement heureux du sujet. Ce n'était pas rusé ; c'était pittoresque; c'était noble. On ne peut s'empêcher de sentir que l'Arioste est parfois entraîné vers le bas par les histoires frivoles qu'il raconte ; on ne peut s'empêcher de sentir que le Tasse est soutenu et inspiré par les magnifiques épisodes qu'il se doit de raconter. Il aime un peu trop imiter des passages d'Homère et de Virgile, mais cette imitation était universelle à son époque, et dans son cas elle est habilement exécutée. La coloration orientale des scènes se déroulant en Palestine et en Syrie n'est peut-être pas très vive, mais elle est tout aussi vive que ce à quoi s'attendaient ses contemporains. Dans l'ensemble, il serait dur de nier qu'il ait rendu justice à son sujet, et sur un point il mérite les plus grands éloges : il donne à ses personnages un intérêt humain et un air de réalité qu'on ne saurait trop vanter. L'Arioste traite souvent ses personnages comme de simples marionnettes et est lui-même le premier à se moquer d'eux. L'attitude du Tasse à l'égard de ses créations est très différente. Il croit en eux avec une sincérité inébranlable et il les aime parce qu'il croit en eux. Erminia, Sophronia , Armida, Rinaldo, Goffredo , Tancredi , se tiennent tous devant nous dans la vie, en mouvement et en respirant. Comme le dit Goethe dans sa pièce sur le Tasse :

> "C'est vrai pas Schatten die der Wahn erzeugte ;
>
> Je suis blanc , si péché brebis , denn sie péché .
>
> ["Ce ne sont pas des ombres créées par une illusion; je sais qu'ils vivent éternellement , car ils vivent."]

Cette grande qualité explique sans doute la popularité universelle de la *Gerusalemme* . Ce poème pénétra même dans des classes de la communauté auxquelles, en règle générale, les poètes littéraires font appel en vain. Des passages isolés étaient mis en musique et chantés par le peuple comme des ballades. Pendant deux siècles, les gondoliers enchantèrent leur travail avec les strophes musicales du malheureux poète. Qui ne se souvient pas des répliques de Byron ?

> "A Venise, les échos du Tasse ne sont plus,
> Et le gondolier silencieux rame en silence."

Le moment où ils ont commencé à être négligés n'est pas enregistré. Ils semblent avoir été transmis uniquement oralement. Des modifications s'infiltreraient inévitablement, et perdant leur précision, elles perdaient aussi leur charme.

Écrivant dans la même strophe que l'Arioste, le Tasse ne pouvait manquer de lui ressembler à certains égards. Ils sont à la fois clairs, rapides et musicaux. Mais le style du poète antérieur est plus riche, plus fort, plus original et, je pense, malgré un manque de tendresse occasionnel, plus véritablement poétique. Le Tasse se livre trop souvent aux conventions et aux lieux communs, ce qui le rend faible et peu impressionnant. Pour donner des échantillons des deux poètes, je citerai un passage de chacun.

L'Arioste.

Un navire ennemi s'approche imprudemment de la flotte de Charlemagne.

" Quivi il nocchier , eh' ancor non s'era selon
Degl ' inimici , entrée avec la galea,
Lasciando muer miglia ajouter le porto
D'Algieri , plus calar prima volea ,
Per un vento gagliardo ch'era sorto ,
E spinto oltre il dover la poppa avea .
Venir tra je suoi credette , e in loco fido,
Come vien Progne al suo nèfle nido .

Ma viens poi l'impériale augello ,
je gigli d'oro , e je pardi vide appresso ,
Restò pallido in faccia , come quello
Che'l piede incauto d'improvviso ha messo
Sopra'l serpente Venenoso et Fello ,
Dal Pigro sonno in mezzo l'erbe oppresseur ;
Che spaventato e smorto si Ritira ,
Fuggendo quel ch'è pien di tosco e d'ira ."

" *ORLANDO FURIOSO* ", c. xxxìx , st. 31 ani 32.

Tasse.

" Cola s'invia l'exercice canoro ,
E ne suonan le valli ime e profonde,
E gli alti colli e le spelonche loro ;
E da ben mille parti Eco répond ;
E quasi par che boschereccio coro
Fra quegli antri si celi e quelle fronde ,
Si clairement réplicateur s'udia
Ou di Cristo il gran nome , ou di Maria.

Vacarme sulle mura ad ammirar frattant
Cheti si Stanno et Attoniti je Pagani
Que' tardi avvolgimenti , e l'umil canto,
E l'insolite pompe e je riti estran .
Poi ché cessò bonjour spettacol santo
La novitate , je miseri profane
Alzâr le strida ; e di bestemmie e d'onte
Mugì il torrente e la gran valle e 'l monte."

" *GERUSALEMME LIBERATA* ", c. XV, st. 11 ani 12.

Le style du Tasse a un air pathétique, très prenant à première vue ; mais quand on l'examine minutieusement, on découvre certaines faiblesses qu'on ne peut déceler dans le style de l'Arioste. Le magnifique passage d' *Orlando Furioso* est sans défaut et ne pourrait être amélioré. On ne peut pas en dire autant des strophes de *Jérusalem* , aussi musicales soient-elles. Nous pouvons être sûrs que l'Arioste n'aurait jamais été coupable de la faible répétition de la faible épithète « *gran nome , gran valle* ».

C'est grâce à son pathos que le Tasse perd beaucoup moins en traduction que l'Arioste. Toutes les interprétations de l' *Orlando Furioso* que j'ai vues sont quelque peu incolores , même la traduction élisabéthaine de Harrington et même la traduction minutieuse et précise de Rose. Les traductions allemandes de Griess et de Donner sont aussi admirables qu'elles peuvent l'être, compte tenu des grandes difficultés de la tâche, mais même elles ne parviennent pas tout à fait à reproduire l'exquise flexibilité du style de l'Arioste. Le Tasse, à bien des égards le plus malheureux des poètes, eut une chance singulière grâce aux traducteurs qui le présentèrent aux nations étrangères. Il a été traduit dans de nombreuses langues avec un succès remarquable et avec remarquablement peu de perte d'esprit et de beauté. La première version anglaise, celle de Fairfax, est la meilleure. Ce n'est pas toujours d'une précision scrupuleuse, mais c'est délicieusement frais, vigoureux et musical. Je joindrai l'un des passages les plus réussis qui donnera au lecteur une idée favorable de l'habileté de Fairfax, et des pensées et conceptions de l'illustre poète italien, illustre malgré les défauts qui nuisent parfois à ses qualités.

Les chevaliers chrétiens à la recherche de Rinaldo le trouvent dans le palais enchanté d'Armida.

(JÉRUSALEM LIBERATA , CHANT XVI.)

I.

Le grand palais est construit riche et rond,
Et au centre de la cale la plus intime
se trouve un jardin doux sur un sol fertile, plus beau que celui où
poussaient les arbres d'or. Les esprits rusés avaient des bâtiments
élevés autour, avec des portes et des entrées mille fois fausses.
Ils ont fait de cette forteresse un labyrinthe courageux,
Comme la prison de Daedal ou la tombe de Porsenna .

II.

Les chevaliers passèrent par la plus grande porte du château. (Bien
qu'environ une centaine de ports y brillent), les vantaux de la porte
encadrés de plaques d'argent sculptées, sur leurs charnières dorées,
se tournèrent et s'enroulèrent ; ils restèrent pour voir ce travail
d'esprit et d'état, la finition surpassait le la substance était belle, car
toutes les formes de ce riche métal forgé, sauf la parole, des corps
vivants ne manquaient de rien .

III.

Alcides était là, racontant des histoires, et filait parmi les faibles
troupes de demoiselles douces ;
(Celui que les portes ardentes de l'Enfer avaient gagné, et que le Ciel
avait soutenu) ; le faux amour se tenait là et souriait.Armé de son
club, juste Iole en avant,
son club avec le sang des monstres fétide nié;et sur son dos sa peau
de lion avait elle,une écorce trop rugueuse pour un arbre si tendre.

IV.

Au-delà fut créée une mer dont le flot azur, l'écume blanche écrasée
par les flots bleus, où deux marines très bien rangées se tenaient des

navires de guerre, le feu de leurs armes s'envolait; jeta;
César amène donc ses Romains, les rois asiatiques,
puis Antoine et les princes indiens ;

V.

Les Cyclades semblaient nager au milieu du continent,
et les collines contre les collines, et les montagnes contre les
montagnes frappées ;
Avec une telle fureur, ils rencontrèrent ces deux armées, Ici brûla un
navire, là coula une barque ou un bateau ; Ici les fléchettes et les
feux de forêt volèrent, là
les princes morts se noyèrent ou furent tués, les corps flottent et
flottent ;
Ici César gagne, et là-bas les navires orientaux

furent conquis , là la reine égyptienne s'enfuit.
VI.

Antonius s'est mis en fuite, l'empire perdu auquel il aspirerait; mais il
ne s'est pas enfui, ni la fuite par peur n'a abandonné, mais il l'a
suivie, attiré par un désir affectueux. Eh bien, pourriez-vous voir,
dans son regard troublé, s'efforcer et lutter l'amour, le courage, la
honte et la colère ; il regardait souvent en arrière, il regardait souvent
le combat, mais plus souvent sa maîtresse et sa fuite.

VII.

Puis dans les criques secrètes du Nil fécond, jeté sur ses genoux, il
attendrait la triste mort. et dans le plaisir de son beau sourire
adoucirait le coup amer du destin maudit. Les chevaliers ont vu ces
histoires, en premier et en dernier ; qui ont vu, ils ont avancé, et ils
sont passés.

VIII.

Comme à travers son canal le méandre tordu glisse
avec des tours et des ficelles, et roule maintenant d'avant en arrière ,
dont les ruisseaux s'écoulent là vers les bords de la mer salée, ici
revenez, et vers leur source, allez; de tels chemins tordus, tels les
façons dont ce palais se cache ; pourtant tout le labyrinthe leur carte
décrit de telle sorte qu'à travers le labyrinthe ils vont in fineComme
Thésée l'a fait par la lignée d'Ariane.

IX.

Quand ils eurent parcouru tous ces chemins troublés, Le doux jardin
étendit sa verdure pour le montrer ; Le cristal mouvant des fontaines
joue, De beaux arbres, de hautes plantes, des herbes étranges et des
fleurs nouvelles, Des
collines brillantes au soleil, des vallons cachés à Phœbus . des raies,
des bosquets, des tonnelles , des grottes moussues à l'endroit qu'ils
voient ;
Et ce que la beauté a apporté le plus, le plus d'émerveillement, n'est
apparu nulle part l'art que tout cela a produit.

X.

Ainsi, avec le grossier, le poli était mêlé, ce naturel semblait tout et
chaque partie. La nature façonnerait la passe de contrefaçon, et
imiterait son art d'imitateur. ni la tempête n'est violente, mais avant
que leurs fruits ne tombent, la fleur vient, celle-ci jaillit, celle-ci
tombe, celle-ci mûrit et celle-ci fleurit.

XI.

Les feuilles du même rameau se cachaient, à côté des jeunes, les
figues vieilles et mûres. Ici les fruits étaient verts, là mûrs avec le
côté vermeil, les pommes nouvelles et vieilles poussaient sur une
branche. La vigne fructueuse ses bras s'étendaient haut et larges, qui
se courbaient sous leurs grappes grandes; les raisins étaient tendres
ici, durs, jeunes et aigres, là, violets, mûrs et nectar sucrés.

XII.

Les oiseaux joyeux, cachés sous l'ombre du bois vert, chantaient de
nombreuses notes sur chaque branche et branche ; le vent qui jouait
dans les feuilles et les eaux, avec un murmure doux maintenant
chantait et sifflait maintenant ; cessèrent les oiseaux, le vent répondit
bruyamment, et tandis que ils chantaient, le grondement était doux
et grave ; ainsi, que ce soit le hasard ou la ruse, le hasard ou l'art, le
vent dans cette musique étrange a joué son rôle.

XIII.

Avec des panaches de couleur festive et un bec violet

, Un oiseau merveilleux parmi les autres volait là, Qui, dans un langage clair, chantait des lovelays forts et aigus,
Son leden [1] était vrai comme le langage humain ;
Elle parlait tellement, et avec tant d'esprit et d'habileté, qu'il semblait étrange à quel point elle savait du bien ; ses compagnons à plumes se tenaient tous silencieux pour entendre, muet était le vent, les eaux étaient silencieuses.

XIV.

"La rose doucement bourgeonnante (dit- elle) voici,
Le premier parfum jaillissant avec des rayons vierges, À moitié ouvert , à moitié fermé, ses beautés se replient
dans leurs chères feuilles, et moins vues semblent plus belles; Et après, les étend plus largement. et audacieux, puis languit et meurt dans les derniers extrêmes ;
et ne semble pas non plus le même que le lit orné et la tonnelle de beaucoup de dames en retard et amant ;

XV.

" Ainsi, au passage d'un jour, passe le bourgeon et la fleur de la vie de l'homme, ni e 'er fleurit plus, mais comme le gratisCut vers le bas, devient flétri, pâle et wan; Oh, rassemblez alors la rose pendant que vous en avez le temps: Court est le jour, terminé quand il commençait à peine; Cueillez la rose de l'amour que vous pouvez encore 'St ;
Aimer être aimé; embrasser, être embrassé. "

XVI.

Elle cessa ; et comme approuvant tout ce qu'elle disait, Le chœur des oiseaux renouvela leur mélodie céleste ; Les tortues soupirèrent, et les soupirs avec des baisers se brisèrent ; Les poules aux nuances invisibles par les couples se retirèrent ; Il semblait que le laurier Chêne chaste et têtu, Et tous les arbres doux qui poussaient sur la terre, Il semblait que la terre, la mer et le ciel au-dessus Tous respiraient une fantaisie douce et soupiraient d'amour.

XVII.

À travers toute cette musique rare et fort consentement D'étranges attraits, doux ' bove méchants et mesurés,

sévères, fermes, constants, les chevaliers s'en allèrent toujours,
endurcissant leurs cœurs contre un plaisir faux et alléchant;
entre feuille et feuille leur vue avant d'envoyer, et après se faufiler à
l'aise et à loisir jusqu'à ce qu'ils voient la reine assise avec leur
chevalierAu bord du lac, à l'ombre des branches.

* * * * * * * XXVII.

Les deux hommes qui se cachaient dans les buissons étaient, avant
que le prince dans ses bras scintillants apparaisse.

XXVIII.

Comme le coursier féroce pour l'âge retiré de la guerre Où la
glorieuse bête avait toujours gagné, qui dans un repos ignoble, loin
de l'effroi, se nourrit des juments en liberté, son service est
accompli: s'il voit ou entend le pot de la trompette avec les armes, il
hennit fort et y court vite,
Et souhaite sur son dos le chevalier armé,
Aspirant aux joutes, aux tournois et au combat :

XXIX.

Ainsi en est-il de Rinaldo lorsque la glorieuse lumière de leur harnais
brillant brillait dans ses yeux ; son noble esprit s'éveilla à cette vue.
Son sang commença à se réchauffer, son cœur à s'élever ; la vertu
réside.Ubaldo s'avança et lui tenait des diamants clairs ce bouclier
pur et précieux.

XXX.

Sur la cible, ses regards étonnés, il se pencha, et là toute son
habitude dévergondée espionna, sa civette, son baume et ses
parfums odorants, comment de ses mèches ils fumaient et manteau
large son épée que beaucoup de robustes païens avaient brandie , [2]
enveloppé de fleurs , pendu sans rien faire à ses côtés,
si joliment paré qu'il semblait que le chevalier
le portait par souci de mode, mais pas pour se battre.

XXXI. Comme lorsqu'un homme

réveillé du sommeil et des rêves vains [rappelle]
à la maison son esprit, ainsi en contemplant son vêtement il jouait,

mais pourtant pour se voir ne pouvait pas se soutenir; ses regards il
baissa et il ne dit rien,
affligé , honteux , triste, il serait mort bien ;
Et souvent il souhaitait que la terre ou l'océan l'engloutisse, et ainsi
ses erreurs se cachent.

XXXII.

Ubaldo prit le temps et commença ainsi : « Toute l'Europe
maintenant, et l'Asie sont en guerre, et tout ce que le Christ adore et
la renommée ont gagné dans une forte bataille , en Syrie, les
combats sont ;
mais toi seul, le noble fils
de Bertoldo , ce petit coin garde, exilé au loin. tout le monde, enterré
dans la paresse et la honte, Un champion de tapis pour une dame
gratuite !

XXXIII.

« Quelle léthargie a ajouté dans la somnolence [4]
Ton courage ainsi ? Quelle paresse infectes-tu ? en haut! Notre camp
et Godfrey vous envoient, vous attendent fortune, louange et
victoire ; venez champion fatal ; amène à une fin heureuse cette
entreprise commencée, et toute cette secte (que tu as souvent
ébranlée) sur terre en pleine terre Avec ton flambeau aiguisé, tue,
renverse. "

XXXIV.

Ceci dit, le noble enfant se tenait dans un espace confus, sans voix,
insensé, malade , honteux, Mais quand cette honte a cédé la place au
juste dédain, Au dédain féroce, d'un courage indompté, Une autre
rougeur a rougi sur son visage,
D'où brillait une colère digne, le mécontentement s'enflamma;
Sa belle tenue avec mépris il déchira et déchira, Car de son bondage
vil que portait le témoin ;

XXXV.

Cela fait, il s'est hâté du fort charmé,
et a traversé le labyrinthe avec ses deux chercheurs.Armida de sa
monture et de son port
le plus important se demandait de trouver le gardien furieux tué;

pendant un moment, elle craignait, mais elle savait dans Bref, son cher seigneur s'était enfui ; puis elle vit clairement (Ah ! triste spectacle !) comment l'homme s'enfuit de ses portes, pressé et effrayé, en colère et en colère.

[1] Leden — *langue.*

[2] Shent — *Iniuré* .

[3] Abrayé – *Éveillé.*

[4] Ajouter – *Attaché.*

CHAPITRE X.

MARINO, CHIABRERA, FILICAIA ET AUTRES POÈTES DU XVIIIÈME SIÈCLE.

Les Annales d'Italie du XVIIe siècle ne furent pas signalées par des désastres aussi terribles que ceux du XVIe siècle. Le pays n'a pas été désolé par l'invasion des conquérants étrangers. Rome n'a pas été limogée une seconde fois. Florence n'était pas secouée par des dissensions civiles. Mais la nation avait le cœur malade et la tyrannie de ses dirigeants ne lui donnait que le choix entre la soumission ou la mort. La Lombardie, Naples et la Sicile gémissaient sous le joug de fer de l'Espagne. Les petits souverains régnaient sur leurs domaines avec un despotisme irresponsable. Venise et Gênes se vantaient d'être libres ; mais la liberté de Venise consistait dans le règne d'une oligarchie suspecte, innocente, en effet, d'une oppression gratuite, mais soutenant son règne par une punition impitoyable de la moindre désaffection. Les États pontificaux étaient épuisés dans leurs efforts pour soigner la splendeur des familles d'une succession rapide de papes, car jamais le népotisme n'a été plus endémique qu'au XVIIe siècle, et les illustres maisons de Rome, les Aldobrandini , les Borghèse, les Pamphili , les Barberini , les Chigi , les Altieri, les Odescalchi , les Albani datent de cette époque leur grandeur. La réaction catholique qui a suivi la Réforme a établi un code théologique rigide, à l'égard duquel il était fatal de s'écarter. Léon X avait sous-estimé l'importance de la Réforme, mais ses successeurs compensèrent cette erreur en exerçant une vigilance constante sur leurs sujets spirituels. Le seul soulèvement en faveur de la liberté fut celui de Masaniello à Naples, qui fut plutôt une émeute qu'une rébellion. Pourtant, certains grands esprits aspiraient à des choses plus heureuses, et les plus beaux éclairs de poésie du siècle ont été allumés par le feu du patriotisme.

Les despotes ont toujours eu pour politique de fournir à leurs sujets de nombreux divertissements. En conséquence, nous trouvons au XVIIe siècle des récits de spectacles somptueux et de divertissements théâtraux brillants, et la richesse déjà en déclin de la nation fut encore plus épuisée par la prodigalité imprudente des gouvernements et des individus. L'opéra italien est né au début du siècle et RINUCCINI fut le premier librettiste. Le théâtre attira de plus en plus l'attention des écrivains, mais rien de remarquable ne fut produit, à l'exception peut-être des tragédies du CARDINAL DELFINO , patriarche d' Aquilée , qui présentent çà et là des touches dignes d'un bon poète. La scène de mort de *Cléopâtre* présente une ressemblance frappante avec la scène correspondante d' *Antoine et Cléopâtre,* bien qu'il n'ait sans doute jamais entendu parler du nom de Shakespeare.

BATTISTA GUARINI , décédé en 1612, était prééminent, en raison de son *pasteur Fido,* parmi les auteurs de pièces pastorales ; mais ces créations insipides et irréelles n'ont aucun attrait pour les lecteurs modernes. Le *pasteur Fido* est une œuvre de beaucoup d'habileté et d'ingéniosité ; mais il est entaché de ce penchant pour les chicanes et les vanités qui défigure tant de littérature du XVIIe siècle, non seulement en Italie, mais aussi dans d'autres pays. Si l'Italie avait son Marino, l'Espagne avait sa Gongora, la France sa Benserade et l'Angleterre ses Lyly, Donne et Cowley. Il est curieux de remarquer comment une mode littéraire se propage d'un pays à l'autre, et à une époque où les voyages sont rares et où les communications sont difficiles, c'est doublement curieux. Ainsi, au début du XIXe siècle, le byronisme devint une épidémie universelle.

L'amour des vanités farfelues est né dans la seconde moitié du XVIe siècle. Nous en voyons beaucoup dans les premières comédies de Shakespeare, et les traces qu'on en trouve dans le Tasse ont donné lieu, cent ans plus tard, à Boileau pour se moquer de ceux qui préféraient « les guirlandes du Tasse à l'or de Virgile ».

> "A Racan , à Malherbe, préférer Théophile ,
> Et le clinquant du Tasse à tout l'or de Virgile ."

Il est cependant injuste de blâmer le Tasse pour une profusion démesurée de vanités. Il en présente, il est vrai, mais elles sont presque toujours ingénieuses et imaginatives, et pas si farfelues qu'elles paraissent contre nature.

Le poète qui a véritablement lancé la mode de l'ingéniosité fantastique fut GIAMBATTISTA MARINO (ou MARINI , car les deux formes du nom semblent avoir été utilisées par ses contemporains), un Napolitain, né en 1569, mort en 1625. Son œuvre principale est le *Adone* un poème épique en vingt chants énormes sur les amours de Vénus et d'Adonis. Sans sa longueur épouvantable, le poème aurait beaucoup à recommander. Il a également écrit d'autres épopées, moins volumineuses : *La Gerusalemme Distrutta , La Strage degl'Innocenti , sur le Massacre des* Innocents, et de nombreuses effusions lyriques. Lorsqu'il était à Turin, il eut une vulgaire dispute avec un poète rival du nom de Murtola , et il en résulta de nombreuses satires et pasquinades. Murtola était si furieux des sarcasmes mordants de Marino qu'il l'attaqua un soir et lui tira un coup de pistolet. Le coup de feu tua, non pas Marin, mais un courtisan favori du duc de Savoie, qui se promenait avec le poète. Murtola fut jeté dans un cachot, mais Marin intercéda pour son rival déchu, et c'est une curieuse illustration du pouvoir absolu des princes de cette époque que toutes les poursuites contre Murtola furent arrêtées et qu'il obtint une grâce gratuite. Marino avait raison de regretter son intercession pour un objet si indigne. Murtola a accidentellement découvert une copie de vers écrits par Marino plusieurs années auparavant, réfléchissant sur le duc . Il ne perdit pas de temps pour les transmettre au duc , qui était si furieux qu'il aurait sans doute infligé à Marino le châtiment dont il avait sauvé le perfide Murtola , si Marino ne s'était pas prudemment réfugié dans la fuite.

Il se rendit à Paris, où il fut reçu avec enthousiasme, et Marie de Médicis, seconde épouse d'Henri IV et régente pendant la minorité de Louis XIII, lui donna une importante pension et bien d'autres marques de faveur royale . Il eut tout loisir d'achever son *Adone* , et lorsqu'il fut publié en 1623, il satisfit pleinement aux attentes de ses admirateurs. Il retourne dans sa ville natale de Naples, où l'attend une magnifique ovation. Il ne vécut cependant pas longtemps pour profiter de son triomphe et l'Italie dut pleurer sa perte en 1625.

Marino a exactement touché le goût de ses contemporains, et les éloges qui lui sont prodigués sont presque incroyables par leur exagération. Le poète Claudio Achillini lui écrivait de Bologne : « Il ne fait aucun doute dans mon esprit que tu es le plus grand poète que le monde ait jamais vu. » Le cardinal Bentivoglio , l'un des esprits les plus brillants de l'époque, s'adressa à lui dans des termes à peine moins ravissants.

Il fallait assurément qu'il y ait quelque chose de remarquable dans les œuvres de Marino pour produire un effet aussi éblouissant sur ses contemporains.

Dans sa jeunesse, Marino a formulé la théorie selon laquelle un poète, pour réussir, devait étonner ses lecteurs. Dans chaque ligne qu'il écrivait, il s'agissait de susciter l'étonnement. Il a pleinement réussi. Les pensées les plus ingénieuses, les métaphores les plus éblouissantes, les descriptions les plus vivantes sont rassemblées dans ses pages à tel point qu'il est impossible de nier qu'il ait été prodigué par la nature de certains des attributs les plus rares de la pensée et de l'imagination. Mais ses œuvres ne présentent aucun intérêt humain, aucun feu patriotique et aucune inspiration religieuse. Ils sont fantastiques et irréels, mais ils ne prétendent pas être autre chose. Son imagination lui présentait une succession inépuisable d'images brillantes et saisissantes, et pourvu qu'elles brillaient et scintillaient dans ses vers, il ne se souciait pas de savoir si elles étaient fidèles à la nature ou cohérentes les unes avec les autres. C'est un poète délicieux à lire dans des passages détachés lorsque l'esprit veut se livrer aux caprices rafraîchissants de l'imagination. Il est très égal dans son style ; possédant une maîtrise consommée de sa langue, les difficultés les plus élaborées de rimes et de mesures ne lui présentent aucun obstacle. Je ne pense pas qu'il soit en aucune façon inférieur à Spenser en termes de force d'inspiration poétique, et il est certainement moins lourd et moins lent. Mais le sujet de son œuvre principale est frivole et n'est, en vérité, qu'une simple bulle d'imagination, faite pour se dilater, briller et éclater. Mais pour cela, c'est beaucoup trop long. Les pensées héroïques seules devraient prendre des proportions héroïques. Même dans l'Arioste, on a trop souvent le même effet. Beaucoup plus dans l' *Adone* . Marin n'avait rien de la simplicité classique de l'Arioste. Il l'a probablement dédaigné, le trouvant insipide. Mais un assaisonnement élevé entraîne une satiété rapide, et l'esprit ne tire aucune nourriture de condiments aussi artificiels. Cette circonstance à elle seule résout le problème de la raison pour laquelle Marino est tombé dans une telle négligence. Prenez chaque strophe de ses poèmes et considérez-la séparément, et cela apparaît comme une merveille de fantaisie, d'ingéniosité et de diction musicale. Mais si l'on considère ses productions dans leur ensemble, on ne peut nier qu'elles manquent d'intérêt soutenu, de pathétique humain et d'intention philosophique. En effet, il n'avait rien d'un philosophe. Aucun grand problème ne l'occupe ; aucune aspiration sublime ne l'élève au-dessus des choses sublunaires. Il dépense la richesse de son intellect, non pas en monuments nobles, mais en bibelots en filigrane. D'où probablement sa popularité. Ses contemporains ne voulaient pas être ébranlés par une sublimité tumultueuse, ni conduits dans un abîme de profonde méditation. Ils voulaient se laisser bercer dans un repos voluptueux par un chanteur assez habile pour ravir leur imagination avec des accords suffisamment beaux pour compenser l'absence de qualités supérieures, et cependant pas trop élevé pour s'élever au-delà de l'horizon limité auquel ils se limitaient. D'où le brillant succès de Marino. Mais il sacrifia à la popularité immédiate l'admiration et la gratitude des siècles futurs, qu'il aurait pu acquérir grâce à ses dons prodigues de chant et d'imagination.

Comme échantillon du style de Marino, je joins la belle strophe d'ouverture du septième chant de l' *Adone* .

> " Musica e Poesia son due sorelle ,
> Restaurant delle afflité genti ,
> De' rei pense le torbide procelle
> Con liete rime a serenar possenti .
> Je n'ai pas ce monde d'art plus beau,
> ou plus salubri all'affannate _ menti ,
> Nè cor la Scizia ha barbaro cotanto ,
> Se non è tigre , a cui non piaccia il canto."

Alors que Marino aspirait à être le premier poète épique de son époque, GABRIELLO CHIABRERA , de Savone, aspirait à en être le premier poète lyrique, et il prit Pindare pour modèle. Il reçut de nombreux applaudissements, mais on peut douter qu'il ait eu autant de succès que son contemporain. Il n'a rien à voir avec la richesse d'imagination de Marino, et ses odes les plus ambitieuses sont souvent turgescentes et lourdes. En revanche, il faut admettre que ses passages les plus réussis sont splendides et sonores. L' *Adone* est la meilleure des longues épopées italiennes à l'exception des deux chefs-d'œuvre inaccessibles, l' *Orlando Furioso* et le *Gerusalemme. Libérée* . Mais on ne peut pas dire que Chiabrera se rapproche autant de

Pétrarque que Marino de ses deux illustres prédécesseurs. Il est plein de ces allusions mythologiques éculées qui ont encombré la poésie jusqu'à la fin du XVIIIe siècle, et il n'a pas non plus l'excuse de s'y livrer pour évoquer des visions magnifiques et romantiques. Ses pouvoirs de description sont limités, ce qui est remarquable, car ses pouvoirs de versification étaient sans aucun doute très étendus. Certains de ses poèmes les plus légers sont gais et vifs, et il a écrit une série d'épitaphes connues des lecteurs anglais grâce à la noble traduction de Wordsworth. Chiabrera ne se livrait pas souvent à une variété aussi naturelle et passionnée que celle-ci :

> "Ce n'est pas sans un grand chagrin de cœur que celui
> sur qui incombait le devoir (car à cette époque
> le père séjournait dans un pays lointain)
> déposa au creux de ce tombeau l'enfant d'un
> frère très tendrement aimé! Francesco était le
> nom que portait le jeune homme,
> Pozzobonelli son illustre maison ;
> et quand sous cette pierre le cadavre fut
> déposé,
> les yeux de tout Savone ruisselèrent de larmes.
> Hélas ! le vingtième avril de sa vie avait à peine
> fleuri ; et à ce moment-là, par une vertu
> authentique, il inspira un espoir qui réjouit
> grandement son pays ; de ses parents, il promit
> du réconfort, et les pensées flatteuses que ses
> amis avaient entretenues dans leur tendresse, il
> ne laissa pas languir ni se dégrader. N'y a-t-il
> pas de grandes raisons de se lancer dans une
> lamentation passionnée ? tu jouis de l'air
> empyréen calme ; et autour de ce tombeau
> terrestre, que les roses s'élèvent, Un printemps
> éternel ! en souvenir de ce délicieux parfum
> qui s'exhalait autrefois de tes douces manières.

L'épitaphe suivante sur un amiral convient également :

> "Il n'y a jamais eu d'homme qui, lorsque sa vie
> touchait à sa fin, ne puisse pas raconter de
> cette vie des travaux longs et durs. Le guerrier
> rapportera des blessures, des épées brillantes
> scintillant dans le champ, et le souffle des
> trompettes. Celui qui a été condamné à incliner
> son front dans les cours des rois, je raconterai
> la fraude et la haine incessante,

l'envie et l'inquiétude du cœur, dérivées
de cabales complexes d'amis perfides. Moi, qui
ai vécu à bord du navire dès ma plus tendre
jeunesse, je pourrais représenter le visage
horrible des eaux contrariées, et le rageOf
indignée et Bootes . Cinquante ans
sur les galères bien dirigées, j'ai régné. De
l'immense Pelorus aux piliers de l'Atlantique,
ne s'élève aucune montagne à mes yeux
inconnue; et les larges golfes que j'ai traversés
souvent et souvent. De chaque nuage qui dans
le Les cieux pouvaient s'agiter, je connaissais la
force, et par conséquent l'orgueil de la mer
agitée n'a pas servi à renverser mon navire.
Quelle pompe noble et fréquente je n'ai pas
vue sur les ponts royaux ! pourtant, à la fin, j'ai
appris qu'un mauvais moment peut suffire
pour égaliser le haut et le bas.
Nous naviguons sur la mer de la vie - on
trouve le calme, et une tempête - et, le voyage
terminé, la mort est notre havre de paix à tous.
Si vous en saviez davantage sur ma condition,
Savona était mon lieu de naissance, et je
jailliDes parents nobles; soixante-dix ans et
trois ans, j'ai vécu, puis j'ai cédé à une lente
maladie .

Un poète qui n'aurait peut-être pas égalé Chiabrera par l'excellence générale
de son œuvre, mais qui le surpassa de beaucoup par les éclairs d'inspiration
soudains et brillants, fut VINCENZIO DA FILICAIA , florentin, né en 1642,
mort en 1707. [1] Quelques-uns de ses plus beaux vers sont si remarquables.
Il est connu que lorsqu'on se tourne vers une édition de ses œuvres
complètes, on est désagréablement surpris de constater que l'essentiel de sa
poésie est loin d'être à la hauteur de ses passages les plus frappants. Il est
souvent conventionnel et turgescent, parfois lourd et maladroit. Il n'a pas la
compétence technique de Chiabrera , ni la vivacité des poètes plus légers.
Hallam se plaignait du manque de soleil dans ses vers, et en vérité ses élégies
sont parfois lugubres là où elles devraient être tragiques. L'homme semble
avoir été plus grand que ses œuvres ; mais lorsqu'un accord de sa lyre touche
son cœur, il se met à chanter si noblement et si passionnément qu'il mérite
pleinement d'être acclamé comme le plus grand poète italien du XVIIe siècle.
Au premier plan se trouve son célèbre Sonnet sur l'Italie, en particulier les
quatre premiers vers :

> "Italia ! Italia ! O tu cui feo la sorte
> Dono infelice di bellezza , ond'hai
> Funesta dote d'infiniti guai
> Che devant écritures pour grand chien porte ."

Mais il y a quelque chose de lourd et de lent dans la suite et la conclusion.

Supérieur en excellence générale, bien que ne possédant pas le pathétique inimitable du passage que nous venons de citer, le sonnet commence :

> " Dov'è , Italia, il tuo braccio? ea che ti servi
> Tu dell'altrui ? non è, s'io scorgo il vero ,
> Da chi t'offende , il difensor men fero ,
> Ambo nemici son, ambo fur servi ."

Un autre sonnet sur le même sujet s'ouvre de manière très impressionnante :

> " Vanno a un fini sol, con passi eguali ,
> Del verno , Italia, et di tua vita l'ore ;
> Nè ancor sai quante di sua man lavore
> A tuo Alors le Destin saette e strali . "

Il en va de même pour un quatrième :

> " Sono , Italie, pour toi discordia e morte
> In due nomi une cosa ; ea si gran male
> Un mal s'aggiunge non mineur, che frale
> Non se' abbastanza , nè abbastanza forte."

Christine, reine de Suède, s'établit à Rome après son abdication et se plaisait à attirer à sa cour un cercle brillant. Filicaia ne semble pas avoir quitté sa ville natale, mais elle étendit son patronage à ses fils, et il célébra sa munificence dans de nombreuses odes et écrivit un noble Sonnet à sa mort. Dans l'un de ses poèmes , il exhorte Rome à se réjouir de la présence de Christine :

> "Non longi là dal gelido Boote
> Sorse indi a poco imperiosa Stella,
> Ma Fausta si , che se mentir non vuoi ,
> Dire a ragion tu puoi :
> Antica Roma, a par di te son bella ."

Filicaia a reçu d'immenses éloges et une renommée universelle pour une série d'Odes sur la libération de Vienne des Turcs par Jean Sobiesky , roi de Pologne, en 1683. Aucun poème lyrique en langue italienne n'est plus universellement connu. Ce sont sans aucun doute des compositions splendides et efficaces. Ils ont inspiré Wordsworth avec le Sonnet suivant :

« Oh, pour un contact enflammé de cette flamme pure
qui servait, autrefois, à un sacrifice de
gratitude, sous les cieux italiens, avec des mots
comme ceux-ci : « Debout, voix du chant !
proclame « Ton saint ravissement avec un but
céleste ; » Car voilà ! la cité impériale est libérée
« de l'esclavage menacé par l'Orient assiégé »,
et la chrétienté respire, de la culpabilité et de la
honte « rachetée, libérée de la peur misérable »
par l'exploit d'un jour, une grande victoire. «
Chantez les louanges du libérateur dans toutes
les langues ; "La Croix s'étendra, le Croissant
s'est obscurci," Celui qui conquiert, comme on
chante dans le ciel joyeux ; " Il conquiert par
Dieu, et Dieu par Lui. "

Les poèmes sont à la hauteur, mais ils sont parfois plus rhétoriques que poétiques, et les apostrophes constantes adressées à Dieu pour se réveiller de son sommeil ne sont pas du meilleur goût. Filicaia consacre malheureusement presque autant d'éloges à l'ingrat Léopold qu'à l'héroïque Sobiesky , et l' adulation rampante avec laquelle il s'adresse aux personnages royaux et impériaux nuit à la hauteur de l'ensemble.

Filicaia était remarquable par sa tendresse. L'un de ses plus beaux sonnets est sur la Divine Providence :

"Quelle mère je figli con pietoso affetto,"

dans lequel la pensée et le pathétique se mêlent à un art admirable. Certains de ses sonnets sont étonnamment ingénieux. Très beau est celui du tremblement de terre de Sicile, en 1683 :

" Qui pur foste , o Città ; nè in voi c'est ça resta
Témoignage de toi stesse un sasso solo,
In cui si écriture : Quì s'aperse il suolo ,
Qui fu Catania, e Siracusa è questa !"

Très beaux sont certains de ses vers religieux :

" Avess'io scritto _ moins , et assai plus piano ;
E stil men terso avessi , alma plus bella ,
Hommes clairs ingegno , e cor plus puro e santo!"

L'impression finale laissée par les poèmes de Filicaia est qu'il était d'une grande nature plutôt que d'un poète parfait, et que c'est à cause de la hauteur de son esprit plutôt que de la maîtrise de son art que ses pages, trop souvent encombrantes et conventionnelles, sont irradiés d'éclairs si brillants et si frappants qu'ils laissent une impression indélébile sur le lecteur et placent le poète sur un piédestal plus élevé et plus honorable que beaucoup d'écrivains, doués d'un esprit plus vif et d'une imagination plus vive, ne pourront jamais espérer monter.

Comme Chiabrera a pris Pindare pour modèle, FULVIO AUSSI TESTI s'efforcer d'apparaître dans le personnage d'un Horace italien. Et, en vérité, il possédait de nombreuses qualités qui justifiaient d'entreprendre cette tâche. Il a de l'esprit, de l'ingéniosité, une expression claire et pointue et un esprit véritablement poétique. Il semble s'être développé très tôt et certaines de ses meilleures pièces ont été écrites avant l'âge de vingt-cinq ans. Il dédia une édition de ses poèmes à Charles Emmanuel, duc de Savoie, s'attirant ainsi la colère du gouverneur espagnol de Lombardie et dut se réfugier dans la fuite. Le duc de Modène devint son patron et lui donna une pension, et son successeur, François Ier, se montra encore plus favorable au poète et l'emmena avec sa suite à Madrid en 1638, lorsque Philippe IV d'Espagne lui conféra une charge lucrative. . Testi ressemblait à l'Arioste en étant nommé gouverneur de la province de Garfagnana , et au Tasse en excitant la haine et la jalousie les plus intenses. Pour une raison inexpliquée, il fut arrêté au début de 1646 et jeté en prison, où il trouva la mort le 28 août. On soupçonne qu'il a été exécuté dans l'enceinte de la prison, mais rien de certain n'est connu ; tout n'est que soupçon et mystère. S'il n'a rien laissé de très mémorable, ses poèmes sont pour le moins vifs et élégants et, contrairement à beaucoup de ses contemporains, il n'est jamais ennuyeux et pesant. Certaines de ses lettres sont pleines d'esprit et vives.

Le grand peintre SALVATOR ROSA amusait souvent ses loisirs en écrivant des vers, et si son attention n'avait pas été si fortement dirigée vers l'art frère de la peinture, il aurait pu obtenir un succès notable en poésie. Certaines de ses ballades sont spontanées et naturelles, et ses satires font preuve d'un véritable pouvoir d'observation et de ridicule. Celui sur les peintres de son temps est peut-être le meilleur et mérite d'être lu.

Un autre satiriste de mérite était BENEDETTO MENZINI . Comme Filicaia , il bénéficiait du patronage de Christine de Suède. Jamais, depuis la terrible catastrophe du sac de Rome sous Clément VII, la Ville éternelle n'a présenté un aspect aussi magnifique que dans la dernière partie du XVIIe siècle. Les jours majestueux de Léon X semblaient renaître. Alexandre VII marqua son pontificat par une splendeur extraordinaire . La colonnade entourant la place devant Saint-Pierre a été érigée par le Bernin sous son règne. Christine rivalisait avec le pape dans la magnificence de sa cour. Les ambassadeurs au

Vatican s'efforçaient de se surpasser en faste et en luxe. Si Menzini , qui a vécu au sein de cette société splendide, n'a transféré dans ses pages qu'un vague reflet de son éclat, il écrit du moins en homme qui a beaucoup vu et observé, et il n'est ni un pédant ni un vide de sens. déclamateur. Il écrivit un Art de la poésie — en vers, presque aussi bon que celui écrit en France à la même époque par Boileau. Ses sonnets et poèmes sérieux sont beaucoup plus conventionnels. C'était un bon latiniste, mais la grande série d'écrivains italiens de poèmes latins se terminait par les épigrammes pétillantes des frères Amaltei .

Un autre poète lyrique attiré à Rome par la libéralité de la reine de Suède fut ALESSANDRO GUIDI . Il trouva un patron non seulement en cette princesse, mais aussi, au début du XVIIIe siècle, en le pape Clément XI, dont il transforma les homélies latines en vers italiens. Les auteurs précédents avaient, dans la composition de leurs Odes, observé les règles les plus rigides de la mesure et de la rime. La même strophe, le même ordre de rimes, étaient maintenus tout au long de chaque poème. Guidi , soit par manque d'habileté, soit par indolence, soit par amour de l'originalité, fut le premier à abandonner cette régularité de fer et à écrire des Odes en strophes irrégulières, laissant même parfois des vers sans leur donner une rime qui leur succède. D'autres écrivains suivirent à intervalles réguliers, jusqu'à ce que cela aboutisse à la liberté illimitée de Leopardi, qui, dans ses dernières productions, introduit des rimes avec si parcimonie que son rythme n'est guère plus qu'une modification de vers blancs. Après que les imitateurs de Leopardi aient fatigué l'oreille publique avec leurs effusions bâclées, une réaction s'est produite, et les strophes régulières sont plus que jamais à la mode , les strophes longues et élaborées de Filicaia étant cependant négligées au profit des quatrains plus légers et plus pointus.

Par cette licence, fortement censurée à l'époque, Guidi a sans doute acquis une plus grande liberté de mouvement, et il n'est jamais obligé de forcer sa pensée et de tordre ses phrases. Mais on ne peut pas dire que ses conceptions soient plus naturelles et non conventionnelles que celles de ses prédécesseurs. Il n'a pas une grande lueur d'imagination, pas de teintes arc-en-ciel de fantaisie, pas de profondeur de pensée, ni aucun pouvoir de pathétique ou de tendresse. Mais il est toujours de bon goût et érudit, et ses œuvres sont parfaitement exemptes de toute trace de grossièreté ou de vulgarité.

ALESSANDRO MARCHETTI était remarquable plutôt par sa magnifique traduction de Lucrèce que par aucune de ses productions originales. Le livre était considéré en Italie comme d'une tendance trop dangereuse pour passer la censure, et il dut être imprimé à Londres et introduit clandestinement dans le pays d'origine.

FRANCESCO REDI a écrit une œuvre très célèbre, *Bacco in Toscana,* un dithyrambe plein de feu et d'enthousiasme, espèce de poème dont il y a peu d'exemples dans la langue italienne. Il était médecin de profession et fit progresser considérablement la science de son temps. Il mourut en 1698.

CARLO MARIA MAGGI a écrit quelques poèmes agréables en dialecte milanais, et certains de ses Sonnets adressés à l'Italie ont le feu patriotique tant exalté dans Filicaia .

FELICE ZAPPI et FAUSTINA MARATTI , son épouse, ont écrit des Sonnets nobles et pleins d'entrain. Celui de Zappi sur le Moïse de Michel-Ange est d'une beauté et d'une originalité des plus frappantes.

Le XVIIe siècle n'est pas riche en poètes comiques. Les versificateurs de l'époque se distinguent pour la plupart par un sérieux assez monotone. Deux poètes se distinguent cependant par leurs inventions comiques, LORENZO LIPPI et ALESSANDRO TASSONI .

Le premier, florentin, était peintre et poète. Il a écrit un poème burlesque à Ottava Rima intitulé Le *Malmantile* . Il est considéré comme un réservoir de phrases toscanes et est, en effet, si plein de l'argot du Mercato Vecchio qu'il est presque inintelligible pour les Italiens eux-mêmes, et bien plus encore pour les étrangers, sans les nombreuses annotations des commentateurs.

ALESSANDRO TASSONI était originaire de Modène, né en 1565, mort en 1635. Il s'est distingué comme commentateur de Pétrarque, mais plus particulièrement par son poème héroïque, *La Secchia Rapita* , que l'on peut traduire *Le Viol du seau.* Comme tant d'autres écrivains de son époque, il passa sa vie au service des cardinaux et des princes, et il souffrit beaucoup des caprices de ses maîtres et de l'envie de ses rivaux. Mais il termine paisiblement ses jours comme retraité de François Ier, duc de Modène. Son ouvrage principal, *La Secchia Rapita* , a beaucoup d'ingéniosité de pensée pour le recommander, mais son style manque quelque peu de couleur , et son sujet n'est pas très intéressant en lui-même, ni par son auteur. Trompé par la similitude des noms, Dickens, dans ses *Tableaux d'Italie,* attribue la *Secchia Rapita* au Tasse. Parmi les poèmes héroïques des temps modernes, *le Lutrin de Boileau* peut être considéré comme légèrement inférieur à la *Secchia Rapita ,* *mais le Viol de la serrure* de Pope et *les Paralipomeni de Leopardi* sont largement supérieurs, tant par l'éclat de la pensée que par la perfection du style.

En comparant la poésie du XVIIe siècle avec celle du XVIe, on est frappé de ce curieux fait que ses auteurs ont un air plus démodé que leurs prédécesseurs. Cela s'explique en partie par leur recherche d'idées ingénieuses, qui les empêche d'être aussi fluides et naturels que les contemporains de l'Arioste et du Tasse. Leur style est également plus lourd.

Ils sont plus friands des périodes longues et compliquées que les poètes du XVIe siècle. Mais ils ont de nombreuses qualités compensatoires. Leur défaut même d'être trop artificiels dans leur pensée et leurs images prouve qu'ils possèdent beaucoup d'imagination et de fertilité. Un homme ne peut pas transformer ses pensées et ses conceptions en formes étranges et fantastiques sans se donner beaucoup de peine pour le faire. Aucun de ces écrivains ne s'épargne aucune peine, et ils choisissent souvent les mètres les plus difficiles que la langue puisse présenter. Leur grand défaut est la conventionnalité de la phraséologie, qui a commencé avec le Tasse et n'a pris fin qu'au XIXe siècle avec Monti. Ils se parent des haillons de la mythologie antique et ne semblent pas soupçonner un seul instant qu'ils seraient bien plus beaux dans des vêtements non empruntés. Au lieu de parler du vent, ils parlent de Borée. Au lieu de mentionner la mer, ils mentionnent Neptune et Thétis. Tout cela rend même les meilleurs d'entre eux contre nature et pédants dans une certaine mesure, et ce n'est que dans leurs plus beaux passages qu'ils sont agréables au lecteur moderne. L'amour intense pour l'Antiquité classique s'est éteint avec la Renaissance, et les allusions aux dieux de la Grèce et de Rome n'étaient que le résultat de l'habitude et des conventions. Au lieu d'orner leurs œuvres, ces allusions les assèchent positivement, car seul Marino les utilise comme il se doit : pour l'étalage de brillants spectacles de description et d'imagerie. Il évoque son propre pays des fées, comme Keats le fit deux cents ans plus tard.

[1] Lord Somers était un grand admirateur de Filicaia . Voir *la vie des chanceliers* de Lord Campbell et l'histoire de Macaulay .

CHAPITRE XI.

GALILEO ET LES PROSATEURS DU XVIIE SIÈCLE.

En énumérant les prosateurs du XVIIe siècle, nous sommes confrontés au nom illustre de GALILÉE , dont on se souviendra encore aussi longtemps que la science sera cultivée.

Cet homme célèbre est né à Pise en 1564 et est mort à Arcetri , près de Florence, en 1642. Il était professeur de mathématiques à l'Université de Pise, et il n'y aurait absolument rien de remarquable à raconter sur sa vie s'il n'était arrivé. entrer en collision avec l'Inquisition, pour avoir soutenu, ou plutôt pour sa méthode de soutenir, que la terre tournait autour du soleil. Il fut cité à comparaître devant le tribunal de l'Inquisition, mais dès son arrivée à Rome, il fut traité avec considération, et même avec distinction. Son lieu d'arrestation était le magnifique palais de l'ambassadeur toscan, près de la Trinità de' Monti. Mais il serait plus satisfaisant de citer sa propre déclaration dans une lettre adressée à un prêtre de sa connaissance, le Père Vincenzo Renieri .

« Dès mon plus jeune âge, écrit-il, j'ai médité la composition d'un Dialogue sur les deux systèmes de Ptolémée et de Copernic. Ma principale motivation était d'expliquer le flux et le reflux des marées par le mouvement de la terre. faire connaître à Rome mes opinions sur le mouvement de la terre fut une longue dissertation que j'adressai au cardinal Orsini, et alors je fus dénoncé comme un écrivain scandaleux et impudent. Après la publication de mes Dialogues, je fus convoqué à Rome par la Congrégation de J'arrivai à Rome le 10 février 1633 et fus confiné dans le délicieux palais de l'ambassadeur toscan sur la Trinità de' Monti. Le lendemain, je reçus la visite du Père Lancio , commissaire de la Sainte Inquisition. " Je l'accompagnais dans sa voiture. En chemin, il me posa de nombreuses questions. Il s'efforça avec le plus de zèle de me faire réparer le scandale que j'avais fait à toute l'Italie en maintenant la doctrine choquante que la terre tournait autour du soleil. A tous mes arguments, tirés de la physique et des mathématiques, il répondit avec les mots de l'Écriture : « *Terra autem in æternum* ». *stabit* , *quia Terra autem in æternum stat.* » Occupés par cette conversation, nous arrivâmes au palais du Saint-Office, situé à l'ouest de la magnifique église Saint-Pierre. Je fus immédiatement présenté par le Commissaire à Monseigneur Vitrici , l'Assesseur. Deux moines dominicains l'accompagnaient. Ils me prièrent poliment de présenter mes arguments devant toute la Congrégation, afin qu'en cas de condamnation, ma défense puisse être entendue. Le jeudi suivant, je fus présenté à la Congrégation. J'ai produit mes épreuves, mais malheureusement elles n'ont pas été appréciées, et tous mes efforts n'ont pas réussi à les rendre acceptables. Ils s'efforçaient avec zèle de me convaincre du scandale que j'avais fait, et le passage de l'Écriture était toujours cité comme une preuve de ma culpabilité. Je me suis souvenu opportunément d'un argument tiré de l'Écriture. Je l'ai allégué, mais avec peu de succès. J'ai dit qu'il me semblait qu'il y avait des passages dans la Bible rédigés conformément aux vues populaires de l'astronomie en vigueur dans l'Antiquité, et que le passage qui était cité contre moi pouvait être conçu dans cet esprit. J'ai ajouté que dans le Livre de Job, chapitre xxxvii, v. 18, il est dit que les cieux sont comme s'ils étaient faits de métal et de bronze. C'est Elihu qui prononce ces paroles. Nous voyons ainsi clairement qu'il parle selon le système de Ptolémée, et que ce système s'est révélé absurde par la philosophie moderne et le bon sens. Si donc on insiste autant sur Josué pour arrêter le soleil, nous devons également considérer ce passage où il est dit que les cieux sont composés de tant de cieux semblables à des miroirs. La déduction me paraissait parfaitement logique. Pourtant, c'était toujours flou, et je ne pouvais extraire de réponse qu'un haussement d'épaules, refuge habituel de ceux qui ont pris leur décision et qui sont sourds à l'argumentation par excès de préjugés.

"Enfin, je fus obligé, en bon catholique, de me rétracter, et mon Dialogue fut mis à l'Index des livres interdits. Au bout de cinq mois, je reçus la permission de quitter Rome. Florence fut alors visitée par la peste, et comme la lieu de mon arrestation, je fus envoyé, comme une grande faveur , chez le plus cher ami que j'avais à Sienne, l'archevêque Piccolomini . Sa compagnie me fit tant de plaisir et contribua tant à ma tranquillité d'esprit, que je repris mes études, et après encore cinq mois, lorsque la peste eut perdu de sa virulence à Florence, j'ai été, par la bonté de Sa Sainteté le Pape, autorisé à échanger le confinement de cette maison contre la liberté d'une retraite à la campagne que j'ai tant appréciée. Vers le début du mois de décembre de cette année 1633, je suis retourné à la Villa de Belriguardo , puis à Arcetri , où je me trouve maintenant, jouissant d'un air salubre dans le voisinage de ma chère Florence.

Cette lettre, datée d'Arcetri , décembre 1633, donne un récit simple et sans fard de ce qui s'est passé. Il ressort clairement des expressions utilisées par Galilée qu'il pensait s'en tirer avec une grande indulgence. Nous ne pouvons manquer d'être d'accord avec lui quand nous pensons à Bruno et Vanini , qui, peu de temps auparavant, avaient été brûlés vifs par le même Tribunal, et à Campanella, enfermé dans un cachot pendant vingt-sept ans.

ainsi qu'il n'y a aucune vérité dans la légende populaire selon laquelle il fut soumis à la torture, et il y en a probablement aussi peu dans l'anecdote selon laquelle, en se levant après sa rétractation, il s'écria : *« Eppur . si muove ! »* Sans doute, s'il avait prononcé ces mots, il aurait payé cher sa témérité.

Dans sa retraite à Arcetri, il était libre de poursuivre sans encombre les recherches qui ont rendu son nom immortel. Son invention du télescope lui révéla de nombreuses merveilles du Ciel. Il découvre les satellites de Jupiter et l'anneau de Saturne, sans toutefois se rendre compte du caractère annulaire de ce dernier objet, triomphe réservé à Huyghens . Il observa les taches sur le Soleil et les Montagnes de la Lune. Ses recherches en chimie ont accru sa renommée avec de nombreux résultats mémorables.

Et ce n'est pas seulement en tant qu'homme de science qu'il revendiquait l'admiration du monde. En tant qu'écrivain, il se démarque à son époque. Sa prose est claire, simple, gracieuse et parfois éloquente et impressionnante. Ses traités scientifiques sont des modèles de lucidité. Lui-même, lorsqu'on l'a loué pour cette qualité, l'a attribué dans une large mesure à sa lecture constante des œuvres de l'Arioste. La clarté, en effet, est le mérite particulier de ce grand poète. Dans sa jeunesse, il écrivit un essai pour prouver la supériorité de l'Arioste sur le Tasse. Il a dit que le Tasse nous a donné des mots et l'Arioste des réalités. Cette affirmation est peut-être quelque peu radicale, mais elle repose sur une base de vérité. Il admettait néanmoins que le Tasse possédait de nombreuses qualités qui plaisaient au lecteur et que c'était seulement l'examen minutieux des critiques qu'il ne pouvait soutenir.

Les œuvres de Galilée ne sont pas très volumineuses. Le *dialogue sur les deux systèmes de Ptolémée et de Copernic est d'* une importance primordiale . Son *Saggiatore* n'est guère moins important. Ses *Problèmes* contiennent des descriptions de nombreuses expériences, et ses Lettres sont aussi remarquables par l'esprit et la vivacité que par la force et l'audace de la pensée. Son Essai sur les mérites comparés de l'Arioste et du Tasse a déjà été mentionné. Il prenait un grand plaisir à la poésie, et ses biographes assurent qu'il connaissait par cœur de nombreux passages de Virgile, d'Ovide, d'Horace et des Tragédies attribuées à Sénèque. En italien, il tirait le plus grand plaisir de l'Arioste, et à côté de lui, de Pétrarque et de Berni . Dante n'est pas mentionné, mais il serait extraordinaire que le plus profond et le plus graphique de tous les poètes ne lui plaise, même si les aléas du goût sont incalculables. Il faut se rappeler qu'au XVIIe siècle, l'appréciation de Dante était tombée à son plus bas niveau.

Parmi ceux qui ont signé le décret condamnant les erreurs de l'illustre Galilée, se trouvait le cardinal GUIDO BENTIVOGLIO , qui, malgré cette malheureuse circonstance, mérite une mention honorable comme historien et écrivain de Mémoires. Il fut employé comme nonce par plusieurs papes en Flandre et en France. Grégoire XV l'éleva à la pourpre romaine, et lorsque le conclave se réunit en 1644, après la mort d'Urbain VIII, il y a tout lieu de croire qu'il aurait été élu pape s'il n'était pas tombé malade et n'était pas mort le 17 septembre. . Il existe un magnifique portrait de lui par Vandyke à Bologne.

Il possédait de nombreuses qualités d'un écrivain compétent, mais pas d'un grand. Il avait l'avantage de voir et d'observer beaucoup de choses, et l'empreinte de son expérience est perceptible dans tout ce qu'il a écrit. Ranke vante ses Mémoires comme donnant une image attrayante de son époque et, en vérité, il est l'un des rares auteurs, non de nationalité française, qui se rapproche en mérite des grands mémorialistes de France. Il rédigea également un récit de ses missions de nonce, de nombreuses lettres et une Histoire de la guerre d'indépendance des Pays-Bas contre le despotisme espagnol. L' *Histoire* est un récit lisible et plein d'entrain, et l'historien est rarement préjugé ou amer. Ayant lui-même vécu si longtemps en Flandre, il est capable de donner des descriptions graphiques des localités qu'il mentionne. Ambrosoli blâme son style pour sa monotonie, mais je ne peux pas dire que j'ai jamais détecté ce défaut. Au contraire, il me semble fluide et animé à souhait. On ne peut pas s'attendre à ce qu'un écrivain traitant de sujets historiques se livre aux digressions fantaisistes des romanciers ou des essayistes. Si Bentivoglio avait vécu jusqu'à devenir pape, il aurait sans doute distingué son pontificat d'une manière digne de ses capacités.

Un plus grand historien que Bentivoglio est apparu en DAVILA , originaire de Padoue. Dans sa jeunesse, il servit dans l'armée française, puis dans celle de la République de Venise. Il était d'origine noble et ses ancêtres occupaient le poste de grand connétable de l'île de Chypre alors qu'elle était encore sous la domination de Venise. Ils eurent le privilège de prendre place à côté du doge lorsqu'ils parurent au Grand Conseil, et ce privilège fut accordé à Davila lui-même, tant il était en haute estime. En 1630, il publie son *Histoire des guerres civiles de France,* ouvrage auquel il doit sa renommée littéraire. Il fut nommé l'année suivante commandant de la garnison de Crema, mais alors qu'il se rendait de Venise à cette ville, il fut sauvagement assassiné dans un village nommé San Michele.

Davila était un homme d'action plutôt que de lettres, et il n'est donc pas surprenant que son style soit moins purement toscan que celui d'érudits plus élégants. Mais il avait une grande force de pensée, une vive pénétration et aucune connaissance méprisable des affaires. Ces qualités, ajoutées aux événements intéressants qu'il raconte, lui ont valu une grande attention et des applaudissements pour son travail. Il présente cependant quelques défauts. Il n'est pas toujours très habile à présenter des images vivantes à l'imagination et il Italianise parfois les noms de personnes et de lieux jusqu'à ce qu'ils deviennent à peine reconnaissables . Ainsi Elboeuf se métamorphose en Ellebove .

FRA PAOLO SARPI a acquis une immense réputation, surtout dans les pays protestants, pour son *Histoire du Concile de Trente* et ses pamphlets amers contre la Cour du Vatican. Dans la grande lutte entre la République de Venise et le pape Paul V, il prit le parti de sa ville natale avec une intrépidité non dénuée de férocité. C'était sans aucun doute un homme doté de grandes capacités, mais ses capacités étaient aiguisées par sa rancœur et sa méchanceté.

Un autre historien du Concile de Trente, mais qui le considérait du point de vue du parti pontifical, était le cardinal SFORZA PALLAVICINO , l'un des hommes les plus brillants qui soient jamais entrés dans la Compagnie de Jésus. Il était si aimable et bienveillant que le pape Alexandre VII disait de lui : « Il Cardinal Pallavicino é tutto amore ». Il mourut en 1667. Ses ouvrages comprennent, outre l' *Histoire du concile de Trente*, un *Traité sur la perfection chrétienne*, un *Essai sur le style* et une *Biographie d'Alexandre VII*. Tous ces ouvrages sont remarquables par la distinction de style, bien qu'il se livre parfois trop à des antithèses pointues. Il était très différent de Davila dans le soin et le polissage qu'il accordait à ses compositions.

Un autre jésuite, DANIEL BARTOLI , a écrit l' *Histoire de son Ordre* et la *vie d'éminents jésuites* dans un style proche de la perfection. On l'a en effet accusé d'élaborer ses phrases jusqu'à ce qu'elles cessent d'être naturelles ; et pourtant, malgré son élaboration, il avait ses ergoteurs qui lui signalaient des idiomes d'une exactitude douteuse et disaient *Questo non si può dire, (on ne peut pas le dire.)* Il leur répondit dans un pamphlet plein d'esprit : *Le bien et le mal des non-si Può* . "Une œuvre intelligente", dit Fontanini; "mais l'habileté de l'auteur aurait été mieux déployée en évitant les erreurs qu'en les défendant avec une ingéniosité obstinée."

Un éminent prédicateur et divin de l'époque était PÈRE PAUL SEGNERI dont les livres de dévotion sont encore utilisés dans les pays catholiques. Lui aussi était jésuite, mais son style n'est pas aussi bon que celui de ses deux prédécesseurs. C'est parfois trop pompeux et déclamatoire ; mais il avait un esprit fertile et vigoureux et prêchait et écrivait avec son cœur.

Un autre écrivain, moins orthodoxe, mais plus célèbre, fut GIORDANO BRUNO . Cependant, ses œuvres, bien que publiées au seuil du XVIIe siècle, ont été conçues et écrites au XVIe siècle. Il fut brûlé vif pour ses hérésies en 1601. Pendant quelques années, il se réfugia en Angleterre, et il eût été bon pour sa prospérité d'y rester. En ces jours de plus grande latitude de spéculation, il semble y avoir peu de choses dans ses œuvres qui puissent lui infliger une punition aussi terrible, mais la provocation à peine donnée par les œuvres semble avoir été offerte par l'auteur. Il était irritable et vaniteux, et ne connaissait ni prudence ni discrétion. Son grand traité, *Della Causa, Principio ed Uno,* est une exposition du panthéisme, mais ses vagues rêveries ont peu de fondement scientifique pour les recommander. Il a également écrit une comédie, un peu plus indélicate que ce qui devrait sortir de la plume d'un philosophe.

CAMPANELLA , une âme sœur, mais sans l'athéisme latent de Giordano Bruno, était un frère dominicain, originaire de Cosenza. Soupçonné de désaffection, peut-être d'hérésie, il fut enfermé pendant vingt-sept ans dans un cachot étroit. Il a séduit sa captivité fatiguée en écrivant de longs ouvrages philosophiques. Ils sont cependant tous en latin [1] et n'entrent donc pas dans le cadre de ce volume. Je les mentionne comme un signe de la renaissance de l'esprit de la science et de la spéculation, longtemps endormi. Campanella a écrit pour défendre la théorie de Galilée sur la rotation de la terre autour du soleil. Campanella obtint sa liberté en 1629 et se retira en France, où il rencontra la gentillesse du cardinal de Richelieu.

La première édition du célèbre *Dictionnaire de l'Académie della Crusca* a été publié en 1613. Il est curieux qu'avec l'attention universelle qu'il a suscitée, il n'ait pas élevé le niveau de goût et d'érudition, à vrai dire, la moyenne des écrivains inférieurs a produit des œuvres incroyablement mauvaises.

Il y avait une pénurie de très bons écrivains en prose au XVIIe siècle. Les *histoires* de CÉLIO LES MALASPINI sont racés et amusants, et donnent une idée graphique des mœurs et coutumes du début du siècle, mais ils sont souvent indélicats et ont peu de grâces de style pour les recommander. TRAJAN BOCCALINI a écrit quelques pétards politiques et littéraires vifs qui ont eu une large diffusion à une époque bien avant l'introduction des journaux, où seuls paraissent aujourd'hui des écrits sur des sujets aussi éphémères.

Florence pouvait se vanter d'avoir un groupe restreint de philosophes, MAGALOTTI , VIVIANI, REDI et DATI , mais leur influence ne semble pas s'être étendue au-delà de la Toscane. AUTON MARIA SALVINI était une grammairienne laborieuse et l'un des principaux compilateurs du dictionnaire mentionné ci-dessus.

L'homme de lettres le plus éminent des dix dernières années du XVIIe siècle fut probablement CRESCIMBENI , l'historien de la poésie italienne et le fondateur de l'Académie arcadienne, toujours florissante à Rome. C'était un écrivain d'un grand talent et d'un grand jugement, et il était plus sensible que ses contemporains aux maux résultant des métaphores exagérées et des hyperboles sauvages introduites par les disciples de Marino. Il cherchait un modèle parfait de poésie, et il le trouva dans les œuvres d'Angelo di Costanzo, et certainement la douceur et le raffinement égal de cet écrivain ne sont pas ébranlés par une passion tumultueuse ou une sublimité imposante. Crescimbeni aurait pu, pensons-nous, avec plus de convenance choisir Dante, Pétrarque et l'Arioste pour réformer le goût dégradé de l'époque ; mais néanmoins les beautés de Costanzo sont de premier ordre, et la recommandation a porté de bons fruits.

Si l'on ne peut dire d'aucun écrivain du XVIIe siècle qu'il s'élève au plus haut sommet de l'art, il reste néanmoins, après avoir passé en revue toute cette période, l'impression d'une grande ingéniosité et d'une grande vigueur de pensée.

[1] Ses poèmes, principalement des Sonnets, sont en italien.

CHAPITRE XII.

CARACTÉRISTIQUES DES ÉCRIVAINS DU XVIIIE SIÈCLE.

Les préceptes de Crescimbeni portèrent de bons fruits, et la prose comme la poésie se libérèrent peu à peu des défauts de goût si évidents chez la génération précédente. Les vers sont devenus plus légers et plus fluides, même s'il n'y a malheureusement eu aucune diminution de la phraséologie conventionnelle ou des allusions mythologiques. Les poètes comiques étaient nombreux et doués. Mais d'un autre côté, il y avait moins de sérieux et peut-être moins d'originalité. L'influence de la littérature française commença à prévaloir et elle ne s'est pas ébranlée jusqu'à nos jours. La tyrannie des gouvernements n'était pas aussi oppressive. L'opinion publique commença à se révolter contre les abus les plus flagrants, et une succession de souverains et d'hommes d'État éclairés mirent en pratique la philanthropie éclairée de Voltaire et la philanthropie sentimentale de Rousseau. En effet, dans toute l'Europe, il y avait, dans la seconde moitié du XVIIIe siècle, un désir de promouvoir le bien-être du peuple, tel qu'on ne l'a jamais manifesté à l'époque de Davila ou de Filicaia . Louis XVI et Turgot en France, Charles III et Aranda en Espagne, Pombal au Portugal, le grand-duc Léopold en Toscane, étaient tous zélés pour la cause de l'humanité et des Lumières. Même aux observateurs les plus avisés, il semblait qu'un âge d'or attendait la race humaine. Malheureusement, les horreurs et les crimes de la Révolution française ont brutalement dissipé ces visions agréables et ont produit une réaction dont les effets ont fait reculer le progrès de l'humanité pendant de nombreuses générations. Il est navrant de penser à quel point le développement de l'Europe aurait pu être différent si la partie extrême des républicains français avait été maintenue dans la subordination et si Roland avait guidé les destinées de la France au lieu de Robespierre.

Les conquêtes de Napoléon achèvent ce que le règne de la Terreur avait commencé. Les anciens abus ont été balayés, mais seulement pour laisser la place à une tyrannie plus désespérée et plus implacable. Les pertes en vies humaines et en trésors furent énormes, et le déclin de la richesse de l'Italie devint plus frappant que jamais.

Les auteurs s'en sont plutôt mal sortis au cours de ce siècle. Les princes, probablement à l'instar de la cour frivole de Louis XV, ne prétendent même plus encourager la science et la littérature. Nous n'entendons parler d'aucun poète recevant même le patronage précaire et capricieux accordé au Tasse et à l'Arioste. Métastase était le seul poète qui bénéficiait du soleil de la faveur royale , et il devait sa prospérité à la cour de Vienne, et non à la cour de

Sardaigne ou de Naples. Le patronage des grands était retiré, et celui du public commençait à peine. Ainsi, les écrivains, à moins de disposer de moyens suffisants, ont eu d'âpres luttes contre la pauvreté et l'obscurité. Certains, comme Muratori et Parini , entrèrent dans l'Église et devinrent moines ou abbés . D'autres, comme Baretti et Algarotti , cherchèrent fortune à l'étranger. Le piratage effronté de livres et la représentation non autorisée de pièces de théâtre privaient même les auteurs populaires de la récompense de leur travail . Goldoni, après avoir passé de nombreuses années à produire des comédies qui méritaient et obtenaient des applaudissements, fut heureux de trouver un asile en France comme lecteur d'italien auprès des trois filles de Louis XV.

Le grand mérite du XVIIIe siècle, en Italie comme ailleurs, c'est sa légèreté et son humanité ; le grand défaut, son matérialisme et sa frivolité. En fait, il serait difficile de concevoir une atmosphère plus énervante que celle qui entourait de nombreux poètes italiens, en particulier au début du siècle ; et malheureusement, les nombreuses académies littéraires, instituées dans toute la péninsule, au lieu d'arrêter le mal, l'aggravèrent positivement, en consacrant leur attention, à quelques exceptions près, aux sujets et aux pensées les plus insignifiants. Cette frivolité n'est pas totalement absente, même dans les œuvres de Métastase, l'un des poètes les plus délicieux que l'Italie ait jamais produits.

CHAPITRE XIII.

MÉTASTASIE.

PIETRO TRAPASSI est né à Rome le 3 janvier 1698. Ses parents étaient d'origine modeste et il fut apprenti chez un orfèvre. Il était doué par nature d'une voix musicale, et il attira bientôt l'attention, non seulement en répétant les vers des autres, mais en improvisant ses propres vers. Un homme de lettres de l'époque, Gian Vincenzo Gravina , était parmi ceux qui s'intéressaient à l'enfant prodige, et il avait une telle opinion des capacités naturelles du jeune qu'il décida de l'éduquer et de le démarrer dans la vie. Jamais bienfaiteur n'a accordé sa bonté à un objet plus digne. Gravina a changé le nom du garçon de Trapassi en METASTASIO et lui a non seulement appris le grec et le latin, mais l'a également initié à l'étude du droit, dans laquelle il maîtrisait lui-même. Dans son testament, il a laissé à son protégé quinze mille écus, afin qu'il ait le loisir de cultiver ses dons intellectuels.

Malheureusement, Métastase était jeune, et son brusque accès à la fortune lui tourna la tête. Les quinze mille écus furent bientôt dépensés en compagnic d'amis qui l'abandonnèrent dès qu'ils découvrirent qu'il n'était plus en mesure de les recevoir comme avant. Il s'est réveillé de son rêve de prospérité et s'est retrouvé solitaire et négligé dans le vaste désert de Rome. Pour ajouter à ses malheurs, le pape Clément XI s'était prévenu contre lui par l'extravagance de sa conduite. Il vit qu'il n'y avait pas de place pour lui à Rome, et il résolut de s'appuyer sur ses connaissances juridiques et d'entrer chez un notaire à Naples.

L'Opéra italien commençait à cette époque sa brillante carrière, et Métastase avait, à Rome, écrit un drame pour musique qui avait obtenu de nombreux applaudissements. Un directeur napolitain, à la recherche d'un livret, apprit que le jeune poète romain était dans la ville et lui chargea d'écrire une œuvre pour son théâtre. Metastasio a produit *Gli Orti Espérides* . Cela a été brillamment réussi. La célèbre chanteuse Marianna Bulgarelli , surnommée « La Romanina », est apparue sous le nom de Vénus, et une amitié de longue date s'est nouée entre elle et le poète. Sa prochaine œuvre, *Didom Abbandonata fut* un triomphe encore plus grand, et, merveilleux pour des jours choisis, le poète tira de son succès un beau profit pécuniaire. Il put à temps payer ses dettes et retourner à Rome. Il y reçut les ordres sacrés et fut désormais connu sous le nom d'abbé Metastasio.

L' empereur Charles VI était un passionné de musique et il avait non seulement une compagnie italienne à Vienne, mais aussi un poète italien pour écrire les paroles des opéras que ses compositeurs favoris recevaient l'ordre de mettre en musique. Le poète s'intitulait " Poeta Cesareo », et bénéficiait d'un traitement libéral. Le poste était occupé par l'apôtre Zeno, un Vénitien, qui, après avoir pris sa retraite en raison de l'âge avancé, recommanda le brillant Metastasio comme son successeur. En conséquence, en 1730, Metastasio partit pour Vienne et bien qu'il ait vécu cinquante-deux ans de plus, il n'est jamais retourné dans son pays natal.

Sa vieille amie, Marianna Bulgarelli , mourut quelques années après son départ pour l'Autriche, et elle lui laissa une grande partie de sa fortune considérable. Mais il refusa de l'accepter, estimant qu'il aurait dû revenir à son mari, à qui il fut donc remis.

Metastasio est le seul écrivain de livrets dont les œuvres ont atteint la dignité de classique. En effet, on se souvient encore d'eux alors que les compositeurs qui les ont mis en musique sont tombés dans l'oubli. Certains de ses drames semblent avoir été utilisés successivement par plusieurs compositeurs, et l'un d'entre eux, *La Clemenza di Tito,* créé à Vienne pour la première fois sur la musique de Caldara le 4 novembre 1734, fut plusieurs années plus tard utilisé par le l'illustre Mozart.

La plus haute faveur de la famille impériale fut accordée à Métastase sous le règne de Charles VI, et fut continuée par l'impératrice Marie-Thérèse et son fils Joseph II. Il était tout à fait naturel qu'il ressente en retour la plus intense loyauté, et lorsque la maison de Habsbourg subit de cruels revers lors de la guerre de Succession d'Autriche, et plus tard, lors de la guerre de Sept Ans, il sympathisa vivement avec sa maîtresse impériale. .

Alfieri nous raconte dans ses *Mémoires* qu'il aurait pu avoir une introduction à Metastasio pendant son séjour à Vienne, mais qu'il l'a vu un jour dans le parc de Schönbrunn faire l'obéissance d'usage à Marie-Thérèse avec un air d'adulation si joyeuse, qu'il conçu le mépris le plus suprême pour un poète si servile. Mais cela pousse certainement l'indépendance au bord de la grossièreté. Si Metastasio n'avait pas de raisons de montrer sa gratitude, qui l'avait ? Et le plus ardent adversaire de la tyrannie doit admettre que Marie-Thérèse avait des qualités qui lui confèrent un rang élevé parmi les monarques, non seulement de son siècle, mais de ceux passés et à venir.

Métastase vécut à Vienne pendant un demi-siècle dans une prospérité ininterrompue, et lorsqu'il mourut le 12 avril 1782, il fut universellement regretté dans son pays d'adoption et dans celui de sa naissance. Il amassa une belle fortune de cent mille florins, qu'il légua à la famille du conseiller Martinez, avec qui il résidait depuis son arrivée à Vienne.

La popularité des œuvres de Metastasio de son vivant était sans limite. Il est de tous les poètes italiens le plus facile à comprendre pour un étranger. Par égard pour les compositeurs, il sélectionnait uniquement les mots qui se prêtaient le plus facilement au chant. Son vocabulaire est donc quelque peu limité et il a tendance à répéter les mêmes images. La construction de ses phrases est la simplicité même, et il ne propose aucun passage obscur à résoudre au lecteur. Il n'est ni très profond ni très pittoresque ; il est essentiellement musical. Mais il avait un bel esprit, et sa tendresse et son pathétique ont les qualités de fraîcheur et de pureté. Le dialogue de ses drames, bien que musical en versification, n'est pas frappant dans le fond, mais chaque personnage important, avant de quitter la scène ou à la fin d'un acte, reçoit une chanson, et c'est en vertu de ces chansons glorieuses. que Metastasio continue de nous charmer encore aujourd'hui. Ils sont si musicaux qu'ils se chantent positivement. Leur expression est si claire et si précise qu'ils s'impriment facilement dans la mémoire. Il tire ses intrigues de l'Histoire ancienne et de la Mythologie, et pour ses Oratorios, de la Bible. La coloration locale n'est pas toujours très vive, et l'on voit trop souvent les cheveux poudrés et les talons rouges de l'époque rococo. Mais les histoires ont beaucoup d'esprit et d'intérêt humain, et si des héros comme Titus et César soupirent trop à la manière des amoureux amoureux , ils le font dans des vers si mélodieux que le pardon ne peut être refusé. Une sélection exquise pourrait être faite parmi les chants des opéras de Metastasio, dans lesquels on retrouve des pensées tendres, belles et ingénieuses, exprimées dans un langage délicieusement spontané, frais et emphatique. Le sens est tellement lié à la musique du vers, et cette musique est si particulière à la langue italienne, que le charme subtil de l'original s'évaporerait dans la traduction.

Je vais citer quelques-uns des meilleurs.

Dans le *Didone Abbandonata* , Didon charge sa sœur Séléné, elle-même amoureuse d' Énée , de lui assurer qu'elle l'aimera toujours. Sélène quitte la scène après avoir chanté la chanson suivante. Les passages entre parenthèses sont censés être à part :

> Dirò che fida sei,
> Su la mia fè riposa ;
> Sarò pour toi pieteuse ;
> (Pour moi, c'est grossier sarò .)
>
> Sapranno je labbri miei
> Scoprirgli il tuo desio .
> (Ma la mia pena , oh Dio !
> Venez nasconderò ?)

Didon revendique sa dignité royale :

> Fils Regina , et sono amoureuse ;
> E l' impero io sola voglio
> Del mio soglio e del mio cor.

Darmi legge in van prétende
Chi l' arbitrio a me conteste
Della gloria e dell' amor.

Sélène dit que tout amoureux s'imagine que seule la beauté le fait tomber amoureux ; mais ce n'est pas la beauté, c'est un désir affectueux qui surgit à l'improviste, qui nous ravit, et nous ne savons pas pourquoi :

Ogni amateur soutenir
Che della Sua ferita
Sia la ceinture cagione ,
Ma la Beltà non è.

C'est un bel désir , che nasce
Allor che men s'aspetta ;
Si je sens que tu es diletta ,
Ma non si sa parce que .

Dans l' *Artaserse* , Mandane implore Arbace de ne pas l'oublier, comme elle ne l'oubliera pas :

Conservateurs fédélé ;
Pensée ch'io resto e peno ;
Et quelle que soit la situation, je suis toujours
ricordé par moi.

Ch'io per virtù d'amore ,
Parlando col mio core,
Ragionerò con te .

Dans l'Oratorio de *Gioas* , Ismaele dit que la race de David n'est pas exterminée comme on le croyait, et la compare à une fleur qui renaît d'un état languissant, et à une torche qui donne une lumière nouvelle lorsqu'elle semble mourir :

Piante così , che pare
Estinta , inaridita ,
Torna plus bella in vita
Talvolta a germogliar .

Visage così Talora ,
Che par che manchi e mora,
Di maggior lumière ornamenta
Ritorna un scintillaire .

A l' *Olimpiade* , Argène , déguisée en bergère, chante avec un chœur de jeunes
filles les louanges de la forêt :

Coro.

Oh, prends soin de toi , oh cara
Felice libertà !

Argène .

Qui se un morceau si gode ,
Parte non v'ha la frode ,
Ma lo condisce a gara
Amore e fedeltà .

Coro.

Oh, prends soin de toi , oh cara
Felice libertà !

Argène .

Qui poco ognun possédée ,
Ericco _ ogun si croyance ;
Non, plus bramando , impara
Che cosa è povertà .

Coro.

Oh, prends soin de toi , oh cara
Felice libertà !

Argène .

Senza custode o mura
La pace è qui sicura ,
Che l'altrui voglia Avara
Ondé aller non ha.

Coro.

Oh, prends soin de toi , oh cara
Felice libertà !

Megacle déclare que, tout comme il a suivi son ami dans la prospérité, il le
soutiendra également dans l'adversité :

> Je suivais felice
> Quand'era il ciel serein ;
> Toute la tempête à seno
> Voglio seguirlo ancor .
>
> Come dell' oro il foco
> Scopre la masse impure,
> Scoprono le sventure
> De' falsi amici il cor.

Aminta se compare dans son malheur à un marin naufragé qui perd tout
espoir et s'abandonne à son sort :

> Son qual per mare ignoto
> Naufrago passegiero ,
> Già con la morte a nuoto
> Ridotto a contrastar .
>
> Ora un sostegno , ed ora
> Perde une étoile; al fine
> Perde la spème ancora ,
> E s'abbandona al mar .

Le Chœur et le Semi-chœur implorent Jupiter de pardonner un sacrilège :

> *Coro.*
>
> je tuoi strali , terreur de morteli ,
> Ah ! sospendi , grand père de Numi ,
> Ah ! deponi , gran Nume de' re.
>
> *Partie du Coro.*
>
> Fumi il tempio del sangue d'un empio
> Che oltraggiò con insano fureur ,
> Sommo Giove , une image de toi .
>
> *Coro.*
>
> je tuoi strali , terreur de' mortali ,
> Ah ! sospendi , grand père de' Numi ,

Ah ! deponi , gran Nume de' re.

Partie du Coro.

L'onde caisse du pallido Lete
L'empio varchi ; ma il nostro timore ,
ma il suo tomber portando con se.

Covo .

je tuoi strali , terreur de' mortali ,
Ah ! sospendi , grand père de' Numi ,
Ah ! deponi , gran Nume de' re.

À l'Opéra de *Démofoonte* Dircea déclare sa constance à Timante :

En te spero , ou sposo amato ,
Fido a te la sorte mia ;
E per te , qualunque sia ,
Sempre cara a me sarà .

Pur che a moi nel morir mio
Il ne veut pas sia négatif
Di vantar che tua son io,
Il morir mi piacerà .

Creusa oppose le bonheur des âges primitifs à l'artificialité du présent :

Felice età dell' oro ,
Bella innocenza antica,
Quando al piacer nemica
Non era la virtù !

Dal fasto e dal decoro
Noi ci troviamo opprimer ;
E ci formiam non je stessi
La nostra servitù .

Dans l' *Isola Disabitata* , Costanza déplore sa condition d'abandon :

Se non piange un' infelice ,
Da' viventi separata,
Dallo sposo abbandonata ,
Dimmi , oh Dio , chi piangerà ?

> Chi può dir ch'io pianga a torto ,
> Se nè men sperar mi lice
> Questo misère conforto
> D'ottener l'autre pietà ?

Dans la *Clémence de Tito,* Titus déclare que s'il ne peut régner par l'amour, il ne régnera pas par la peur :

> Se al impero , amis Dei!
> Nécessaire est un cœur severo ,
> O togliete a me l' impero ,
> O a me date un altro cor.
>
> Se la fe de' regni miei
> Con l' amor non assicuro ,
> D'una fede io non mi curo
> Che sia fruits du Timor .

Le Chœur déclare qu'il n'est pas étonnant que les Dieux protègent un prince aussi noble qu'eux :

> Che del Ciel, che degli Dei
> Tu il pense , l'amour tu sei ,
> Grand'eroe , nel virement angusto
> Si je montre ce sujet di .
>
> Ma cagion di meraviglia
> Non è già , felice Augusto,
> Che gli Dei chi lor somiglia
> Custodiscano donc .

Au *Témistocle* , Rossane admet qu'elle est distraite par la jalousie :

> Basta dir ch'io sono _ amante ,
> Par saper che ho già nel petto
> Questo barbare sospetto ,
> Che avvelena ogni piquer ;
>
> Che ha cent' occhi , e pur travede ,
> Che il mal finge , il ben non crede ;
> Che Dipinge nel sembiant
> I deliri del pensier .

Serse déclare que le silence est plus éloquent que les mots :

> Quando parto , e non rispondo ,
> Si comprendermi pur sai ,
> Tout dit il mio plus pensif .
>
> Le silence est ancor facondo ,

E talor si spiega assai
Chi répond col tacer .

Témistocle ne craint aucune torture et est fier de mourir :
Serbère fra ceppi ancora
Questa fronte ignorer Serena;
E la colpa , e non la pena ,
Che può ferme impallidir .

Reo fils io; convivial ch'io mora,
Se la fede error s'appella ;
Ma par colpa donc bella
Fils superbe de morir .

C'est une loi de la nature que nous ressentons pour ce chagrin que nous avons
nous-mêmes ressenti :
È legge di natura
Che a compatir ci move
Chi prova une aventure
Che noi provammo ancre ;

Ô sia che amore in noi
La somiglianza accenda ;
Ô sia che plus s'intention
Nel suo l'altrui dolor.

Un noble prisonnier se sent supérieur à son cruel oppresseur :
Guardami prima in volto ,
Anima vile, e poi
Giudica pur di noi
Il vincitor qual è.

Tu libero e disciolto ,
Sei di pallor dipinto;Io di catene avvinto ,
Sento pietà di te .

Adoration de la Divinité :
Te solo adoro ,
Mente infinita ,
Fonte di vita, Di verità ;

In cui si move,
Da cui dipende
Quanto comprende
L'éternité .

Un ami infidèle ne fera jamais un amant fidèle :

Avran le serpi , O cara ,
Con le colombe il nido ,
Quando un amico infido
Fido amateur sara .

Nell' anime innocenti ,
Varie non son fra loro
Le limpide sorgenti
D'Amore e d'amistà .

Si les chagrins de chacun pouvaient être connus, combien peu seraient
enviés :

C'est un ciascun l'interno affanno
Si vedesse devant _ écriture ,
Quanti mai ch'invidia _ _ fanno ,
Ci farebbero pietà!

Si Védria che je lor nemici
Hanno in seno ; e si ridiculiser
Nel parere a noi felici
Ogni lor felicità .

L'âge d'or vit encore dans le cœur des innocents :

Ah ! ritorna , età dell'oro ,
Alla terra abbandonata ,
Se non fosti immaginata
Nel sognar felicità .

Non jamais ; quel dolce stato
Non fuggì , non fu sognato ;
Ben lo
sente ogn'innocente Nella sua tranquillité .

CHAPITRE XIV.

PARINI.

Si le XVIIIe siècle fut frivole et luxueux, il fut aussi pittoresque et élégant. L'époque de la porcelaine de Dresde , l'époque de Watteau et de Liotard en peinture, ont dû aussi laisser sur la poésie son empreinte de gaieté raffinée. Nous trouvons cette impression dans les satires de Pope, dans les poèmes plus légers de Voltaire et dans les vers musicaux de Parini .

GIUSEPPE PARINI est né de parents modestes à Bosisio , un hameau du district de Milan, près du lac de Pusiano , le 22 mai 1729. Il a fait ses études à Milan au gymnase Arcimboldi, sous la direction du Barnabite. Pères. Il a montré des capacités marquées et un fort penchant pour la littérature. Mais il devait subvenir aux besoins de ses parents et la nécessité l'obligea à devenir écrivain juridique. Cette occupation lui fournit les moyens d'étudier la théologie et il entra dans le sacerdoce. En 1752, il publia son premier volume de poèmes, qui, aussi immature soit-il, contenait suffisamment d'éléments prometteurs pour lui gagner de nombreux amis et admirateurs, et il fut élu membre de l'Académie des Transformati de Milan et de l'Arcadia de Rome.

Pourtant, il était dans une grande détresse et la pauvreté le contraint à devenir précepteur dans des familles privées et, à la mort de son père, il vendit le terrain qui lui revenait pour fournir à sa mère le nécessaire pour vivre. Mais, malgré le malheur, son ambition n'était pas en sommeil, et il était déterminé à ce que rien de sa plume ne voie le jour tant qu'il n'aurait pas été porté au plus haut sommet de la perfection. Il conçut le plan de son grand ouvrage, *Il Giorno* , et la première partie, intitulée *Il Mattino* , fut publiée en 1763, et la deuxième partie, intitulée *Meriggio* , deux ans plus tard.

Le comte Firmian , gouverneur autrichien de Lombardie, fut amené par la réputation de Parini à lui confier la rédaction d'une Gazette officielle, et lui confia plus tard le poste de professeur de littérature à l'École Palatine de Milan, et après la suppression des Jésuites il fut nommé au même titre au Collège de Brera. Ces nominations ont rendu sa situation un peu plus confortable, mais sa santé s'est progressivement détériorée. Une affection des muscles des jambes semble l'avoir privé du libre usage de ses membres, et la situation s'aggrava tellement avec les années, qu'il finit par ne plus pouvoir marcher du tout. Pour ajouter à ses malheurs, son esprit était indépendant et son jugement sur les hommes et les livres était aigu et même acrimonieux. Il se fit ainsi de nombreux ennemis et, à la mort du comte Firmian , il perdit ses fonctions au moment même où il avait besoin de soutien pour ses années de déclin. Sa vue lui a fait défaut à cause d'une surétude, et finalement la mort lui est venue comme une délivrance le 15 août 1799.

Sa renommée de grand poète repose entièrement sur *Giorno* . La troisième partie, *Il Vespro* , et la quatrième, *La Notte* , ne furent publiées qu'après son décès. Même si l'ouvrage l'occupa pendant près de quarante ans, il resta finalement incomplet, quelques lignes étant nécessaires pour conclure *La Notte* . Il faisait partie de ces poètes qui écrivent et réécrivent leurs œuvres jusqu'au dernier point d'élaboration. Son esprit n'était pas très fertile, et lorsqu'une pensée lui venait, elle était trop précieuse pour être écartée avant d'être ornée de toutes les ressources de son art.

Cet art, à son meilleur, connaît un brillant succès. Ses vers blancs atteignirent une perfection qui n'avait encore jamais été observée dans la langue italienne. En effet, ses vers blancs sont infiniment supérieurs à ses rimes. Ses sonnets et ses odes ne sont guère préférables à la meilleure classe de productions similaires de son époque, mais dès qu'il revient aux vers blancs, il retrouve toutes les puissances de son esprit et est vu avec le plus grand avantage. Le seul défaut de son style est qu'il devient parfois raide et lourd, probablement le résultat d' une trop grande élaboration . Son mérite particulier est son caractère pittoresque. Il est impossible de lire quinze ou vingt lignes consécutives dans ses compositions sans tomber sur un tableau qu'un peintre pourrait reproduire sur sa toile.

Cette qualité de pittoresque est particulièrement observable dans sa meilleure œuvre *Il Giorno* , un poème héroïque en vers blancs, décrivant une journée dans la vie d'un noble milanais. Il devait y avoir une part de vérité en tant que satire des mœurs, car un dirigeant de la société milanaise, le prince Belgiojoso , fut tellement frappé de la ressemblance de son héros avec lui-même, qu'il engagea des voyous pour harceler l'auteur un soir et le battre sévèrement.

de Parini en tant que précepteur dans des familles nobles ne semblent pas avoir été très heureuses, et sa colère était excitée contre une classe qui, même à son meilleur, a tendance à être frivole et indulgente. Le grand mérite du poème est son pittoresque et son originalité ; le grand défaut, c'est la monotonie du style, mais pas de la pensée ou de l'imagerie. Tout cela repose sur une seule note, celle d'une ironie élaborée. Il prétend vénérer profondément les choses qu'il méprise le plus. La difficulté de maintenir ce ton est souvent douloureusement apparente. Un autre défaut est que le poème, contrairement au *Viol de la serrure,* ne propose aucune histoire connectée. Il accompagne le héros de la toilette du matin jusqu'au bal de minuit. Sans quitter ce seul personnage, il en résulte une certaine monotonie, que l'auteur a modifiée, sans toutefois la supprimer, par quelques heureuses digressions. Si l'on n'insistait pas toujours aussi clairement sur l'ironie, elle serait à la fois plus efficace et plus artistique.

Comme exemple du style de Parini , on peut citer le passage exquis de la première partie du *Giorno* , où le héros, après avoir pris sa tabatière, se pare de ses bagues, de ses montres (car au temps de Parini c'était le mode pour porter deux de tout), et le médaillon en cristal contenant le portrait de son amour.

"Ecco un molti couleur oro distingué ,
Ecco nobil testuggine , su cui
Voluttuosi immagini lo sguardo
Invitan degli éroi . Copie squisita
Di fumido Râpé quivi è serbata ,
E di Spagna oléoso , onde lontana ,
Pur come suol fastidioso encart ,
Da te fugga la noia . Ecco che smaglia ,
Cupido a te di circondar le dita,
Vivo splendor di preziosa anella .
Ami la pietra fini si Stanno ignude
Sculte le Grazie , et che il giudeo ti Creder
d'excréments
 opéra d' Argivi , allor ch'ei chiese
Tanto tesoro , et d' érudit il nome
Ti compartiment , prostrandosi a tuoi pied ?
Vuoi tu je lieti rubis ? Le plus t'aggraver la
quête
Sceglier ' oggi l'indico catégorique
Là, je l' ai aimé incantate costrinse
La fatigue et le sudor di cento buoi
Che pria vagando per le tue campagne
Faccean sotto a i lor piè nascere je beni ?
Prendi o tutti o qual vuoi ; ma l'aureo cerchio
Che sculto l'intérieur est d'amour motti
Ognor teco si vegga , il mineur dito
Prémati alquanto , e souverain ti faccia
Dell' altrui fida sposa a cui se'caro .
Vengane alfin de gli oriuoi gemmati ,
Venga il duplice pondo ; ea te dell'óro Che
al alte impressionner dispensaire conviene
Faccia rigida prova . Ohimé che vago
Arsenal minute de cose
Ciondola quindi et mûriercosso insieme
Molce con soavissimo tintinno !
Ma v'hai tu es le meilleur ? Ah oui ; che je miei
precetti
Sagace préveniste . Ecco risplende ,
Chiuso in breve cristallo , il dolce pegno

Di fortunato amor : fente, o profani !
Chè a voir tant'oltre _ ne pénètre pas les poux.

C'est un style ciselé et fini jusqu'au dernier degré de perfection ; mais il manque quelque peu d'aisance, et sa raideur est perceptible même dans cette citation, bien plus dans l'étendue du poème tout entier. Parini manquait quelque peu de tendresse, et ce manque jette une sécheresse sur certaines parties de son œuvre.

Par ce manque de tendresse, il était très différent de Pope, avec qui il avait par ailleurs de nombreux points de ressemblance. Tous deux étaient des poètes de la civilisation très élaborée de leur siècle. Tous deux étaient de nature intensément satirique. Tous deux vivaient dans des villes, Pope désertant rarement Londres et ses environs , Parini étant rarement vu au-delà de l'enceinte de Milan. Tous deux souffraient d'une santé délicate et d'une difformité. Tous deux étaient intensément admirés par leurs contemporains et considérés comme des maîtres de l'art de la poésie. Cependant Pope fut singulièrement prospère au cours de sa vie, et Parini singulièrement malheureux. Le poète italien avait un esprit bien moins fougueux et impétueux. Il était également beaucoup moins prolifique et polyvalent. Pope a produit huit ou dix chefs-d'œuvre, dont chacun à lui seul perpétuerait sa renommée ; Parini un seul. L'esprit de Pope semble souvent en feu, tant les émanations de son génie sont ardentes et brillantes. La lumière des vers de Parini est plus douce et plus douce, et s'il ne nous éblouit pas avec la splendeur aveuglante du Pape à son meilleur, il remplit l'oreille de lignes musicales et gratifie l'imagination en évoquant des images finies comme les plus belles miniatures, infiniment agréable et précieux pour un goût cultivé.

CHAPITRE XV.

ALFIERI.

L'Italie avait produit de splendides épopées, des paroles nobles et des satires pleines d'entrain, mais jusqu'au milieu du XVIIIe siècle, elle n'avait pas produit une seule tragédie qui puisse être placée à côté des chefs-d'œuvre tragiques des autres nations. Enfin, en 1749, naissait à Asti, dans le Piémont, le poète destiné, dans une certaine mesure, à suppléer au besoin.

VITTORIO ALFIERI est né de parents nobles et riches. Son père mourut peu après sa naissance et sa mère se remaria et survécut jusqu'en 1792. Il nous a laissé dans son Autobiographie un tableau complet de sa vie et de son époque. Ses proches méprisaient l'apprentissage et la science, et on lui apprit à se sentir reconnaissant de n'avoir pas besoin d'étudier. Il apprit un peu de latin et beaucoup de français, et c'est pratiquement tout ce qu'il retint de son collège. Il entra dans l' armée piémontaise , mais il trouva la routine des tâches militaires si ennuyeuse qu'il demanda et obtint du roi l'autorisation de voyager à l'étranger. Il fut présenté à Louis XV à Versailles et à Frédéric le Grand à Potsdam. Il a visité la Suède et la Russie, la Hollande et l'Angleterre, l'Espagne et le Portugal. Il aimait le plus les Hollandais et les Anglais, et trouvait dans leurs pays les effets bienfaisants de cette liberté qu'il aimait et à laquelle il consacrait les fruits de son génie. Le développement de ses capacités intellectuelles fut cependant phénoménalement lent. Il avait pratiquement oublié sa propre langue et devait la réacquérir. Il était doué d'une nature ardente et impétueuse et d'une intense vigueur de pensée, mais la fertilité de son imagination n'était pas en rapport avec ses autres pouvoirs. Il dut donc attendre que l'étude et l'observation lui fournissent suffisamment de matériaux pour lui permettre d'écrire. C'est là la véritable explication de l'état de torpeur de son intellect pendant tant d'années.

Une dame de Turin à laquelle il était très attaché tomba dangereusement malade, et tandis qu'il était assis avec elle pendant les heures fastidieuses de sa convalescence, son regard tomba sur des tapisseries de sa chambre, représentant l'histoire d'Antoine et de Cléopâtre. Il lui vint à l'esprit qu'on pouvait écrire une belle tragédie sur leurs amours, et il s'efforça de le tenter. Il aimait l'occupation et son esprit ambitieux était animé par l'espoir de pouvoir enfin prouver au monde que l'Italie pouvait produire un grand poète tragique aussi bien que la Grèce, la France et l'Angleterre. Il persévéra et, à force de travail et d'études, il surmonta les difficultés de sa tâche, dont la moindre n'était pas son incapacité à s'exprimer dans sa langue maternelle, de sorte qu'il fut d'abord obligé d'écrire ses idées en français, puis de les traduire en prose italienne, et enfin de modifier la prose jusqu'à ce qu'elle devienne vers. Son industrie héroïque a été couronnée d'un certain succès, et s'il n'est pas devenu un Shakespeare ou un Sophocle italien, il jouit, au moins, de la distinction d'être le premier écrivain italien de tragédies qui mérite une considération sérieuse de la part de l'historien littéraire.

Son immense richesse lui permettait de s'adonner à des plaisirs et à des activités qui détournaient souvent son attention de ses travaux poétiques . Il aimait particulièrement l'équitation et les chevaux, et il fit plusieurs pèlerinages en Angleterre pour reconstituer son élevage. La littérature anglaise ne semble pas avoir retenu une grande partie de son attention. Dans son Autobiographie, il mentionne les œuvres de Pope et dit qu'il s'est penché sur Shakespeare et qu'il a pris pleinement conscience de ses défauts. Cela aurait été bien s'il avait été tout aussi attentif à ses beautés et s'il avait pu capter un reflet de leurs teintes arc-en-ciel pour irradier ses propres tragédies sculpturales.

Plus tard, il fit la connaissance de Louisa Stolberg, comtesse d'Albany, épouse de Charles Edward, le jeune prétendant, et elle se réfugia avec lui contre la brutalité de son mari ivre. Ils se rendirent ensemble à Paris, et là il publia ses tragédies en quatre volumes, en 1789. Ils restèrent à Paris, convulsé par la frénésie de la Grande Révolution, jusqu'au dernier moment compatible avec la sécurité ; et en 1792 ils retournèrent en Italie, juste à temps pour échapper aux massacres de septembre. Ils s'installèrent à Florence, où il s'amusa à apprendre le grec et à traduire quelques tragédies d'Euripide. Il mourut en 1803 et la comtesse d'Albany fit ériger un magnifique monument de Canova à sa mémoire dans l'église de Santa Croce.

Alfieri était un écrivain fertile, comme on pouvait s'y attendre de son industrie infatigable qui était l'une de ses caractéristiques les plus marquantes. Il a écrit de nombreux poèmes et satires, près de trente tragédies, plusieurs comédies, des traductions du grec et du latin, des tracts politiques et son autobiographie. Sa renommée repose entièrement sur ses Tragédies, son Autobiographie et, je pense, ses Satires, dont certaines sont très osées et originales, notamment la pièce décrivant ses voyages à l'étranger. Son Autobiographie nous donne un tableau saisissant de l'Italie du XVIIIe siècle, de sa torpeur et de sa frivolité. Il se révèle avec une absence totale de réserve, et sa Vie est la seule œuvre dans laquelle il nous donne des descriptions vivantes, toutes ses autres productions étant plutôt incolores à cause du manque de descriptions.

Le manque de couleur est, en effet, le grand défaut de sa poésie comme de sa prose. Il avait peu d'œil pour les beautés de la nature, et encore moins pour les beautés de l'art. Il n'a rien de la douceur de Metastasio ; il n'a aucun des détails exquis de Parini . En effet, les détails de ses œuvres sont singulièrement dénués de charme. Pour leur rendre justice, il faut les considérer dans leur ensemble, et ne pas s'attarder sur des passages isolés.

La meilleure de ses tragédies, à mon avis, est l'une des premières, celle de *Filippo,* sur le thème de Philippe II d'Espagne et de Don Carlos. L'un des passages les plus frappants d'Alfieri est le dialogue laconique, terrible dans sa farouche brusquerie, entre Philippe et son confident Gomez, après qu'ils ont entendu l'entretien des amants.

Filippo... Oudisti ?
Gomez— Udii .
Filippo— Vedesti ?
Gomez— Io vidi .
Filippo— Oh rabbin !
Dunque il sospetto ?...
Gomez— E' omai Certezza .
Filippo— E inulto
Filippo è ancor ?
Gomez— Pensa ...
Filippo— Pensai ... Mi segui .

Rien ne pourrait être plus fougueux et plus efficace, et si Alfieri avait souvent écrit ainsi, très peu de poètes tragiques l'auraient surpassé. Mais malheureusement, il est rarement vu avec autant d'avantage, et son incapacité à jeter le charme de l'imagination sur ses œuvres les rend sèches et pierreuses. Il est un fervent adepte de l'école française en ce qui concerne l'observation scrupuleuse des trois unités de temps, de lieu et d'action. Mais contrairement aux dramaturges français, c'est la liberté, et non l'amour, qui est le ressort de ses tragédies. Il fait monter sur scène le moins d'acteurs possible. Certaines de ses tragédies ne comportent que quatre personnages. Il serait impossible au dramaturge le plus habile de faire en sorte que si peu de personnes accomplissent cinq actes sans monotonie et sans répétition, et malheureusement Alfieri est tout sauf un dramaturge habile . Ses capacités de construction sont limitées, et dans plusieurs de ses pièces, il est curieux de constater que le premier acte et le dernier sont de loin les meilleurs, les trois actes intermédiaires étant remplis de conversations qui ne font pas beaucoup avancer l'action. Il avait cependant un certain pouvoir de caractère et un certain pouvoir d'exprimer la passion, et ses vers blancs ont souvent un son sévère et rude, impressionnant par sa noble sévérité. Il arrive ainsi que certaines de ses créations se soient révélées efficaces entre les mains de grands comédiens. Ristori a remporté un brillant triomphe dans sa *Mirra* . Salvini est souvent apparu dans *Saül* et *Timoléon* . Son *Saul* a été vanté au-dessus de toutes ses autres œuvres, mais je pense que Virginia , la *Congiura de' Pazzi et Filippo* sont tout aussi bons. L' *Antigone* et l' *Agamemnon* sont terriblement secs et incolores comparés aux créations d' Eschyle et de

Sophocle. L' *Abélé,* au sujet de Caïn et d'Abel, s'efforce d'enchanter le lecteur par sa beauté lyrique, mais le manque d'imagination du poète apparaît plus douloureusement que jamais.

Les grandes qualités du poète sont la vigueur de la pensée et la ténacité de ses objectifs, c'est pourquoi il est mis à profit dans les pièces qui traitent des aspirations à la liberté et de la chute des tyrans. Mais, malheureusement, ces sujets ne comportent pas beaucoup de variété, et quand on a lu quatre ou cinq tragédies d'Alfieri, on les a pratiquement toutes lues. En parcourant ses pièces, on a l'impression de se trouver dans un temple, nu et austère, orné de quelques statues seulement. Mais assurément, la grandeur rigide du génie d'Alfieri est meilleure et plus digne d'éloges et d'honneur que les ornements merdiques de trop de ses contemporains. Il fait entendre une note héroïque et incite ses auditeurs à des actes nobles et à des désirs magnanimes. Il n'y a rien de bas, rien de vil dans ses œuvres. Il nous demande de monter, pas de ramper. Chaque ligne de ses Tragédies a été écrite avec le désir d'inspirer la liberté et le patriotisme. Il détestait l'oppression et il aimait la justice, et pour cela il mérite honneur et gloire, et pour cela ses Tragédies resteront toujours dans les annales de la littérature, même si leur créateur ne nous donne pas des personnages aussi humains et variés que ceux de Shakespeare. , ou des compositions aussi parfaites et splendides que celles de Sophocle.

CHAPITRE XVI.

AUTRES POÈTES DU XVIIIE SIÈCLE.

Les trois grands écrivains dont nous venons d'examiner les œuvres dominent leurs contemporains d'une hauteur incommensurable. Pourtant, de nombreux poèmes compétents ont été produits et de nombreux auteurs méritent d'être mentionnés.

Le premier d'entre eux en termes d'époque est EUSTACHIO MANFREDI , de Bologne, décédé en 1739. Il était mathématicien et astronome, et il ajouta de la poésie à ses autres réalisations. Il était amoureux d'une dame du nom de Giulia Vandi , mais elle devint religieuse et elle fut aussi perdue pour lui que si la mort les avait séparés. Il a exprimé son chagrin dans de nombreux sonnets et odes. Il travaillait assidûment à rendre justice à son noble sujet, mais il n'avait pas le don magique du génie qui seul confère l'immortalité. Ses répliques ne sont pas particulièrement mélodieuses et, même si tout est bon, rien n'est enchanteur.

NICCOLÒ FORTIGUERRA a occupé de nombreux postes élevés au sein de la Curie romaine. Il accéda à de grandes dignités, mais on dit qu'il voulut s'élever plus haut, et que sa mort en 1736 fut causée par le chagrin de ne pas avoir été fait cardinal. Il amusait ses heures de loisirs en composant de la poésie et il a gagné la distinction d'être le dernier poète à produire une longue épopée dans le style de l'Arioste. Ce poème, appelé le *Ricciardetto* , bien que le dernier en termes de temps, n'est en aucun cas le dernier en termes de mérite. Il avait un esprit vraiment poétique et un caractère génial, et il y a une gaieté agréable dans son œuvre qui ne demande qu'à s'exprimer dans un style plus riche et plus vigoureux pour atteindre une grandeur absolue. On raconte qu'il fit le pari d'écrire son épopée en autant de jours qu'elle contenait de chants, et qu'il gagna son pari. Les chants sont si longs qu'il est à peine croyable qu'il ait pu les écrire chacun en un jour. Le pape Clément XII s'intéressa beaucoup à l'œuvre, et probablement cet intérêt inspira au poète l'ambition d'être élevé à la pourpre romaine. Il publia le *Ricciardetto* sous le pseudonyme de « Carteromaco ».

CARLO INNOCENCE FRUGONI est né à Gênes en 1692 et est mort à Parme en tant que poète de la cour en 1768. La poésie *frugonienne* est devenue un mot d'adieu pour indiquer l'abondance de la soi-disant éloquence, la pauvreté de la pensée et l'imagerie bon marché et éculée. Mais Frugoni lui-même n'était pas pour autant un homme dépourvu de talent. Il avait de l'esprit, de l'imagination, de la fertilité. Mais il était dépourvu de jugement austère. Tout ce qu'il écrivait le ravissait et il pensait que cela ravirait ses lecteurs. Il ne s'est pas arrêté pour corriger ou condenser. Il a tout donné au monde avec une parfaite satisfaction. Ses vers sont souvent très fluides et musicaux, comme ceux que Metastasio aurait pu écrire dans son enfance. Il réussit dans ses sonnets, principalement parce que la stricte symétrie de ce genre de composition l'empêche de se livrer à sa faiblesse préférée : la prolixité. Certains de ses poèmes lyriques ont la fantaisie et l'élégance qui les recommandent, mais ces qualités sont noyées dans un océan de verbiage. Il adorait les vers blancs, et l'une de ses compositions les plus drôles dans ce mètre s'intitule *L'Ombra di Pope,* écrite à l'occasion de la naissance d'un fils de Lord Holderness, ambassadeur britannique auprès de la République de Venise. Le fantôme du pape, en réponse aux prières de Frugoni , surgit et prophétise l'avenir du noble enfant et chante les louanges de sa charmante mère. Après avoir fait de nombreux compliments aux talents poétiques de Frugoni, le fantôme disparaît finalement au lever du jour.

ALFONSO VARANO était un esprit plus sérieux et plus passionné que Frugoni , et il mérite le mérite d'avoir, tant par le précepte que par l'exemple, attiré l'attention sur les beautés négligées de Dante. Son œuvre principale est son *Livre des Visions,* écrit dans le style de Dante et qui rappelle son style. Varano rejette résolument les allusions mythologiques éculées qui défigurent les œuvres de ses contemporains. Il est strictement chrétien et s'efforce d'être médiéval. Mais il n'a guère de fondements suffisants pour continuer, ses Visions ne parlent de rien de particulier, et son style n'est pas assez souple et pittoresque pour ravir les lecteurs qui ne peuvent s'empêcher de rappeler Dante.

Le Marquis GIAMBATTISTA SPOLVERINI , de Vérone, né en 1695, mort en 1763, est remarquable par un poème en vers blancs extrêmement bien écrit sur la culture du riz. Le sujet, comme on peut l'imaginer, n'avait jamais été traité en poésie, et l'auteur s'est rendu parfaitement maître des détails techniques de son thème. Il se consacre à la lecture des grands modèles de poésie et à l'écriture lui-même de vers afin d'acquérir la souplesse de style nécessaire. Il travailla pendant de nombreuses années sur les détails de l'œuvre unique par laquelle il espérait qu'on se souvienne de lui et, enfin, au cours de la mémorable année 1758, il donna au monde *La Coltivazione del Riso* . Mais hélas! le monde n'a prêté aucune attention au mince volume et a suivi son chemin comme d'habitude. La mortification de Spolverini était profonde . Il ne pouvait pas imaginer qu'un poème si important pour lui puisse paraître si insignifiant au public. Sa santé et son moral ont cédé, et il est mort, inaperçu et sans regret, en 1763. La négligence totale de ses contemporains n'était ni perspicace ni honorable, et les années suivantes ont rendu justice aux beautés nombreuses, bien que discrètes, du poème. Il a le mérite, rare à son époque, d'aller droit à la vie et à la nature, et ce qu'il observe, il peut le consigner en vers pleins d'entrain. Mais le sujet ne plaît pas au grand lecteur, d'où probablement la totale indifférence avec laquelle il a été reçu. [1]

GIAMBATTISTA PASTORINI, originaire de Gênes, a écrit un noble sonnet sur sa ville natale.

TOMMASO CRUDELI a écrit de jolies fables. Il croupit des années dans les cachots de l'Inquisition et mourut à l'âge de quarante-deux ans en 1745.

PAOLO ROLLI est remarquable pour avoir traduit *Paradise Lost* en italien. Il a vécu de nombreuses années comme professeur d'italien à Londres où il semble avoir été bien accueilli. Il retourna en Italie en 1747 et choisit Todi en Ombrie comme résidence, où il mourut vingt ans plus tard à l'âge de quatre-vingts ans.

Cassiani, de Modène, produisit quelques Sonnets pleins d'entrain ; ONOFRIO aussi _ MINZONI de Ferrare et PROSPERO MANARA peuvent être mentionnés pour la même raison.

PIGNOTTI et BERTOLA étaient de bons fabulistes, et Bertola jouissait également de la distinction d'être le premier à introduire la littérature allemande en Italie.

Certains poèmes de LUDOVICO SAVIOLI sont d'une diction musicale, mais aucun poète de son époque ne se délecte autant de la mythologie élimée des poètes.

GIAN CARLO PASSERONI a écrit une Vie burlesque *de Cicéron* en cent un chants et dans Ottava Rima, pleine de digressions comiques, non dépourvue d'esprit et de vivacité, mais assez gâchée par la longueur grotesque du poème. Sa carrière présente de nombreuses similitudes avec celle de Parini . Comme le plus grand poète, il était prêtre, il vivait à Milan et souffrait de nombreuses privations dues à la pauvreté. Il semble avoir porté non seulement le désintéressement, mais aussi l'indifférence totale à l'égard de ses affaires, à un degré coupable.

L' ABBÉ CASTI était un autre poète qui gâtait son esprit par sa prolixité. Il a écrit les *Animali Parlanti* et un recueil de nouvelles en vers, moins poétiques et plus indélicates que la prose de Boccace, et enfin une satire amère sur Catherine II de Russie. Il avait de l'esprit en abondance et un style grossier et facile. Ses querelles avec des poètes rivaux étaient fréquentes et amères, et Parini écrivit contre lui des vers cinglants. Malgré son caractère peu recommandable , il fut nommé par la Cour de Vienne " Poeta Cesareo " après la mort de Metastasio, et sa nomination provoqua une surprise et une réprobation universelles. Après Casti , le poste fut supprimé. Il mourut à Paris en 1503.

GIOVANNI FANTONI était un imitateur élégant, mais quelque peu conventionnel, d'Horace. Au début de la Révolution française, il faillit perdre la raison à cause d'un zèle excessif pour la liberté, et ses opinions avancées lui valurent de nombreuses persécutions.

LORENZO MASCHERONI , mathématicien et homme de science, se distingue par un poème agréable intitulé *L'Invito a Lesbia Cidonia* . Une dame de Bergame, la comtesse Paolina Secco Suardo Grismondi , était connue à l' Académie Arcadienne sous le nom de « Lesbia Cidonia . " Elle fut invitée à visiter Rome lorsque Mascheroni souhaita qu'elle vienne à Pavie où il vivait, et il essaya de l'y inciter en écrivant son poème plein de descriptions des beautés de Pavie et des trésors de son musée . " Ce poème agréable et original était très admiré en son temps. Mascheroni a écrit d'autres poèmes en italien et en latin, mais rien qui n'égale ce petit chef-d'œuvre. Il est né en 1750 à Castagnetta , un petit village près de Bergame, et est mort en 1800 à Paris. , où il s'était retiré pendant les tempêtes politiques qui secouaient son pays.

En passant en revue la poésie du XVIIIe siècle, le fait le plus frappant est le progrès remarquable dans l'art d'écrire des vers blancs. Spolverini , Parini et Alfieri ont réalisé des œuvres dans ce mètre plus magistrales que celles des époques antérieures. Ces poètes savent varier leurs cadences, soutenir la mélodie, produire une conclusion impressionnante ; et si Spolverini est parfois un peu prolixe et Parini un peu lourd, Alfieri évite adroitement les deux défauts, et quant au rythme, son vers est absolument parfait ; mais seulement son vers blanc ; ses rimes, comme celles de Parini , sont bien inférieures et loin d'être aussi gratifiantes pour l'oreille.

[1] L'ouvrage était dédié à Elisabeth Farnèse, veuve de Philippe V d'Espagne. Le fait qu'elle ait accepté cette dédicace a dû lui donner une certaine importance aux yeux du monde. Ambrosoli est mon autorité pour son accueil froid. Un exemplaire de la deuxième édition, publiée en 1764, est en ma possession. L'éditeur dit que le poème a été accueilli avec une admiration universelle, mais peut-être son motif était-il d'inciter le public, par cette déclaration, à acheter son édition. C'est probablement le fait de la mort de l'auteur, comme c'est si souvent le cas, qui a attiré l'attention sur son poème.

CHAPITRE XVII.

PROSATEURS DU XVIIIE SIÈCLE.

Les prosateurs du XVIIIe siècle ne nous retiendront pas longtemps, car à l'exception des comédies de Goldoni, peu d'œuvres ont une sorte de vitalité. Certains auteurs, notamment ceux qui ont écrit des Mémoires, ont écrit en français, comme Casanova et Goldoni lui-même, dont l'Autobiographie est dans cette langue. En effet, depuis quelques années, le danger semblait imminent que le français soit autant utilisé que le latin l'avait été autrefois.

GOLDONI est un écrivain charmant, et certaines de ses meilleures comédies sont encore sur scène. Ceux qui ont lu *Good-natured Man* and *She Stoops to Conquer de Goldsmith* peuvent se faire une idée précise de ce qu'était Goldoni. Il y a la même gentillesse, le même humour large , la même délimitation des personnages légère mais efficace, et le même dialogue pétillant et ingénieux. Si Goldoni a un défaut, c'est que ses intrigues sont parfois trop minces, et que ses comédies trahissent parfois la précipitation avec laquelle elles ont été écrites. Quelques unes de ses pièces sont en vers, et certaines sont dans le dialecte vénitien dans lequel il est toujours racé et fougueux. C'était un écrivain très fertile, et si beaucoup de ses œuvres sont inférieures à ses meilleures, elles témoignent toutes de la fécondité et de l'originalité de son esprit, et il mérite d'être célébré comme le meilleur écrivain de comédie que son pays ait produit.

On peut encore assister avec plaisir à la représentation des Comédies de Goldoni, et son chef-d'œuvre, *La Locandiera* , a récemment été vu à Londres avec la célèbre Eleonora Duse dans le rôle de Mirandolina . Le personnage de l'héroïne et l'art avec lequel elle tient à distance ses futurs amants sont admirablement conçus. *Le Burbero Benefico* n'est guère inférieur. Il s'agit d'un homme qui, sous une surface rugueuse, cache un cœur tendre. [1] *Le Donne Curiose* présente de nombreuses situations amusantes, provoquées par la curiosité indiscrète de certaines femmes. *Le poète Fanatico* , donne une idée risible des académies littéraires de troisième ordre de son époque, et le personnage du poète, toujours à court de rimes, est dessiné de manière amusante. *La Famiglia dell' Antiquario* , offre une exposition ridicule de la crédulité des collectionneurs et des amateurs qui n'ont ni goût ni connaissances. *Le Smanie per la Villeggiatura* prend pour thème la passion des familles vénitiennes de passer quelques mois de l'année dans des villas sur le continent. *L'Impresario* présente des scènes délicieusement comiques entre un directeur d'opéra et sa compagnie. *L'Avaro* traite le même sujet que Molière dans une de ses comédies, et avec guère moins de succès. *Il Ventaglio* est ingénieux dans l'intrigue et vif dans les dialogues. *I Rusteghi* , *Le Baruffe*

Chiozotte , *Sieur Todéro Brontolon et* plusieurs autres comédies sont en dialecte vénitien, dans lequel il est tout à fait à l'aise, et dans lequel il montre une vivacité et une originalité dignes de tous les éloges. Comme ses œuvres ne contiennent rien d'immoral ou d' indélicat , elles ont toujours été utilisées dans les établissements d'enseignement pour le théâtre, dans les classes où l'on enseigne l'italien. Goldoni n'est ni un philosophe ni un écrivain très profond, mais il est délicieusement vif, et il n'est guère une de ses comédies que le lecteur ne veuille relire une seconde fois.

Les frères GASPARO et CARLO GOZZI étaient vénitiens, comme Goldoni, mais ils étaient ses rivaux et non ses amis. Gasparo était un bon essayiste littéraire et il a écrit l' *Osservatore* , une sorte d'imitation du *Spectator d'Addison*. Il défendit également Dante contre les attaques de Bettinelli. Carlo a produit des pièces fantastiques et imaginatives, dont Schiller a adapté l'une pour la scène allemande, sous le titre de *Turandot, princesse de Chine.* Il a beaucoup d'imagination, mais ses talents poétiques sont à peine assez puissants pour exprimer adéquatement ses idées vraiment brillantes et originales.

Un écrivain très différent de ces vifs Vénitiens était le savant MURATORI , qui fut pendant de nombreuses années bibliothécaire du duc de Modène. C'était un homme d'une immense érudition et d'un travail infatigable. Ses œuvres en latin et en italien remplissent plus d'une centaine de volumes. Son *Annali d'Italia* constituent son œuvre la plus précieuse. Il a également écrit un traité, *Della Perfetta Poésie* . Il mourut en 1750.

SAVERIO BETTINELLI , un jésuite, peut peut-être être considéré comme l'incarnation la plus parfaite de l'homme de lettres italien du XVIIIe siècle. Il avait le style léger et facile, les canons étroits du goût et du jugement, ainsi que l'esprit humain et bienveillant qui caractérisaient ses contemporains. Bien que prêtre, il était correspondant de Voltaire, et le jésuite italien s'est joint au philosophe français pour condamner les conceptions extravagantes de ces terribles barbares, Dante et Shakespeare. Il ne trouva absolument aucun mérite chez Dante et il écrivit de longs essais pour convertir ses compatriotes à ses opinions. En tant que poète, il ne manque pas d'aisance et d'élégance, qualités qui ressortent également dans sa prose, qui peut encore être lue avec plaisir, mais à peine avec profit. Ses tragédies paraissent bien pauvres à côté de celles d'Alfieri. Il avait beaucoup de savoir et une certaine acuité, et le ton de son esprit est éminemment judicieux, mais il pouvait difficilement s'élever à l'appréciation de conceptions plus grandes que la sienne, et le sanctuaire où il adorait était celui de l'élégance académique et du raffinement délicat. Il a été inspiré par un véritable patriotisme qui l'a amené à écrire non seulement son principal ouvrage historique, *Risorgimento d'Italia* , mais aussi certains de ses poèmes les plus fougueux. Sa mort eut lieu en 1808, à l'âge de quatre-vingt-dix ans.

ANTONIO MAGLIABECCHI fut l'une des plus grandes merveilles d'érudition qui ait jamais existé. Il était orfèvre de métier, mais son cœur était dans ses livres, et grâce au patronage de Michael Ermini , bibliothécaire du cardinal Médicis, il obtint l'accès à une bibliothèque suffisamment vaste pour étancher même sa soif de connaissances. À la mort de son ami Ermini , il lui succéda comme bibliothécaire. Toute la journée, il s'enfermait dans sa maison, lisant du matin au soir, et ce n'est qu'à la tombée de la nuit qu'il ouvrait sa porte, et alors seulement pour admettre des hommes de goût et de savoir, afin de se livrer à une conversation savante. Ses habitudes étaient presque celles d'un ermite. Il portait un vieux manteau qui lui servait de vêtement le jour et de couverture la nuit. Une chaise en paille lui servait de table pour ses repas frugaux, et une autre chaise, à peine plus confortable, était son lit dans lequel il restait assis la nuit à lire, lire, lire jusqu'à s'endormir de fatigue. L'émerveillement est qu'une telle industrie, jointe à de telles privations, n'ait pas porté atteinte à sa santé, mais nous n'entendons rien parler de résultats préjudiciables. Il était d'un caractère très gentil et bienveillant, toujours prêt à aider les curieux avec ses connaissances et les nécessiteux avec son argent. Il mourut en 1714. Il était florentin de naissance et laissa sa bibliothèque au grand-duc de Toscane, ainsi qu'une somme d'argent dont les intérêts devaient servir à apporter de précieux ajouts aux volumes déjà existants. collectés. Cette bibliothèque est toujours ouverte au public à Florence. Magliabecchi, tant par ses préceptes que par son exemple, a donné une impulsion à l'apprentissage et à la recherche, mais il n'a offert au monde aucune œuvre personnelle, se contentant d'éditer les élucubrations des autres. Bien qu'il n'ait jamais voyagé, il connaissait bien, par des catalogues et des descriptions, les bibliothèques d'autres villes. Il y a une anecdote d'une connaissance lui demandant combien d'exemplaires existait encore d'un livre réputé pour sa rareté. "Seulement trois", fut la réponse de Magliabecchi . " L'un m'appartient ; l'un est au Vatican, et le troisième à Constantinople dans la bibliothèque du Grand Turc ; vous le trouverez dans la troisième salle, sur l'étagère du bas à droite en entrant, où c'est le septième. volume."

Une famille noble de Vérone, les Maffei, a donné deux hommes éminents à l'Italie du XVIIIe siècle. Le marquis ALESSANDRO MAFFEI entra au service de l'électeur de Bavière et devint maréchal. Il a joué un rôle déterminant dans la grande victoire sur les Turcs à Belgrade en 1717. Il mourut à Munich en 1730 et laissa *des Mémoires* à la fois bien écrits et précieux pour illustrer l'histoire de son temps. Son frère, SCIPIONE MAFFEI , est né le premier juin 1675. Scipione entra dans l'armée et servit sous les ordres de son frère pendant la guerre de Succession d'Espagne. Son premier ouvrage fut un livre contre la pratique du duel . De retour dans sa ville natale, il publie une revue littéraire en collaboration avec Apostolo Zeno et Vallisnieri . Il écrivit une comédie, *La Cérémonie ,* et une tragédie, *Mérope,* qui furent largement célébrées dans toute l'Europe comme le prototype de la tragédie de Voltaire sur le même sujet. Voltaire dédia son *Mérope* à Maffei, mais il était en réalité jaloux de la réputation acquise par l'œuvre italienne et, sous un léger déguisement, il publia des lettres mettant à nu ses faiblesses et ses défauts. La tâche n'était pas très difficile, car *le Mérope de Maffei,* outre le fait qu'il émane de la plume d'un élégant savant, n'a pas grand-chose à recommander . Les personnages ne sont pas dessinés de manière très vivante et le vers blanc est plutôt languissant et peu impressionnant. Son œuvre la meilleure et la plus durable est la *Vérone Illustrata* , une magnifique contribution à l'histoire de sa ville natale. Il mourut en 1755.

Le jésuite TIRABOSCHI a produit une volumineuse *Histoire de la littérature* et son œuvre a à la fois du jugement et de la recherche pour lui donner une valeur permanente.

Les tendances humanitaires du XVIIIe siècle trouvèrent un représentant éloquent dans la personne du marquis BECCARIA , originaire de Milan. Dès sa jeunesse, il était enclin à l'étude de la philosophie et fut très influencé dans son développement intellectuel par les écrivains français contemporains, en particulier par Montesquieu. Le premier ouvrage avec lequel il se présenta devant le public fut un pamphlet sur l'état de la monnaie. En collaboration avec quelques amis, il publie un journal intitulé *Il Caffé* qui prône les principes humains et éclairés auxquels il se consacre. Mais la grande œuvre qui lui rend hommage est le traité *Dei Delitti e delle Pene* , publié en 1764. Dans ce livre, il ose proclamer la doctrine selon laquelle la peine ne doit pas excéder le délit. Des peines barbares furent prononcées à cette époque, non seulement en Italie, mais dans le monde entier, pour des délits qui n'exigeaient pas plus de rigueur qu'une peine de quelques mois de prison. Les criminels étaient brisés au volant, les prisonniers étaient torturés sur le chevalet. Tous ces abus effroyables furent attaqués par Beccaria avec l'éloquence d'une brûlante indignation, et il eut la satisfaction de trouver une récolte abondante après les semailles. La torture fut abolie en France peu après l'avènement de Louis XVI, et même dans les pires excès du règne de la Terreur, personne n'osa suggérer sa résurrection. De nombreux assassinats judiciaires ont été commis, mais aucune des victimes n'a été torturée. Il est effrayant de penser aux atrocités qui auraient pu être perpétrées si cette pratique odieuse et irrationnelle avait encore été en vigueur. Beccaria est décédée en 1793.

GAETANO FILANGIERI ressemblait à Beccaria dans son ambition d'améliorer les lois et son grand ouvrage, *La Scienza della Legislazione* , a obtenu une immense réputation pour son auteur. Il était le descendant d'une noble famille napolitaine, et le ministre Tannucci montrait une certaine inclination à mettre en œuvre ses idées. Mais il mourut alors qu'il n'avait que trente-six ans, en 1788. Peut-être eut-il la chance de ne pas vivre assez longtemps pour voir les temps difficiles qui attendaient son pays.

FRANCESCO ALGAROTTI peut être décrit comme une sorte de Bettinelli dilué, mais il a eu le mérite de faire connaître les écrivains étrangers au public italien et de diffuser la connaissance de l'italien à l'étranger. Frédéric le Grand, qui prenait plaisir à protéger la littérature de toutes les nations, sauf la sienne, reçut hospitalièrement Algarotti à Potsdam et lui conféra le titre de comte. C'était un écrivain des plus fertiles et il prenait plaisir, non seulement à la critique littéraire, mais aussi à la recherche scientifique, et il fut le premier à rendre les découvertes de Newton familières dans la péninsule. Ses poèmes ne font qu'une faible impression sur le lecteur moderne, mais ils étaient tels que l'époque de Frugoni admirait. De caractère, il était discret et aimable, d'où sa popularité personnelle. Sa santé se détériora peu à peu et il mourut de consomption à Pise, en 1764, à l'âge de 51 ans. Frédéric le Grand fit élever un beau monument à sa mémoire.

ANTONIO COCCHI était un écrivain fertile sur des sujets scientifiques et divers, mais c'est le triste sort des écrivains scientifiques d'être remplacés par leurs successeurs, aussi bien qu'ils aient pu écrire. Il est né en 1695 et décédé en 1758.

GIROLAMO TAGLIAZUCCHI était professeur de grec à l'Université de Turin et a beaucoup contribué à diffuser l'étude de la bonne littérature.

GIOVANNINALE SACCHI , moine barnabite, a écrit des livres sur la musique, la danse et la poésie dans un style d'une grande pureté et élégance. Il fut cependant accusé par les esprits les plus austères de son Ordre de consacrer son attention à des sujets trop frivoles et profanes, et il dut endurer de nombreuses persécutions. Il mourut en 1789.

ANTONIO CESARI , prêtre de l'Oratoire, est né à Vérone le 16 janvier 1760. Il était un fervent admirateur des prosateurs du XIVe siècle et il s'efforçait constamment de purifier la langue italienne des idiomes francisés. il s'était contracté à son époque. Contrairement à Bettinelli, il était un fervent adepte de Dante et il a écrit un livre pour souligner ses beautés, mais il insiste davantage sur les mérites du style du poète que sur la grandeur de ses conceptions. Cesari était un bon traducteur et il réussit particulièrement bien dans son interprétation des Comédies de Terence. Dans toutes ses œuvres, nous trouvons un esprit patriotique profond et fervent, précurseur de la vague d'indépendance et de dévouement à la patrie qui a balayé les Italiens du siècle et qui doit maintenant retenir notre attention.

[1] *Burbero Benefico* a été initialement écrit en français puis traduit en italien.

CHAPITRE XVIII.

CARACTÉRISTIQUES DES ÉCRIVAINS DU XIXE SIÈCLE.

Le formidable cataclysme de la Révolution française a produit des vibrations et des convulsions à travers le monde civilisé, et il n'est pas non plus surprenant que l'Italie ait répondu avec plus de véhémence que tout autre pays à la voix de la France. À ses débuts, la Révolution française était sans aucun doute une nécessité et non un mal. Personne ne peut taxer Necker, Mirabeau et les Girondins d'un autre désir que celui de l'amélioration de la France et de l'humanité. Mais lorsque, en raison de l'incapacité totale des principaux hommes d'État à contrôler les assemblées législatives qu'ils avaient convoquées, la direction des affaires échappa à leurs mains et tomba entre les mains d'hommes au dernier degré vindicatifs et sans scrupules, et lorsque le grand mouvement fut entaché de des crimes si épouvantables et des atrocités si inhumaines qu'il n'existe aucun parallèle dans l'histoire, il n'est pas étonnant que les souverains de l'Europe se soient unis pour juguler une conflagration dévastatrice. Mais un événement qu'aucune sagacité ne pouvait prévoir détruisit tous leurs plans et les rendit impuissants même dans leurs propres domaines. L'un des plus grands généraux que le monde ait jamais vu accéda au pouvoir suprême en France, et les souverains qui espéraient intimider Robespierre durent à temps trembler devant Napoléon. Si, après la paix d'Amiens, le grand soldat avait su modérer son ambition, l'Europe aurait pu être épargnée de bien des douleurs et de bien des calamités ; mais malheureusement, il ne se contenta pas de la gloire qu'il avait acquise ; il s'est envolé dans l'espoir d'une domination universelle, et l'Europe a été secouée pendant plus d'une décennie par des luttes telles que le monde n'en a jamais vu, et la perte de sang et de trésors a été immense. Finalement , il fut vaincu, mais seulement après s'être pratiquement vaincu lui-même ; car les plus grands généraux de ses adversaires restèrent impuissants contre lui pendant de nombreuses années, et ils ne l'emportèrent que lorsqu'il eut épuisé les ressources dont il disposait. Il tomba du pouvoir pour ne plus jamais se relever, et les Alliés triomphants inaugurèrent une réaction dont les effets se firent sentir tout au long du XIXe siècle. Les démons retournèrent dans leurs demeures, et la seconde demeure était pire que la première. La grande Bastille avait effectivement été démolie, mais chaque pays possédait d'innombrables petites Bastilles. L'Autriche s'empara de Venise et récupéra la Lombardie, et le règne doux et philanthropique de Firmien fut remplacé par le despotisme de fer de Metternich. A Naples, la philanthropie de Filangieri dut céder la place à la férocité de Bomba . Mais les nations avaient goûté à la liberté, et le vieil esprit de soumission, plus ou moins réticent, s'était éteint à jamais. Des sociétés secrètes surgirent dans toute la péninsule et les Carbonari poursuivirent ce que les Philosophes avaient commencé. L'ancienne clémence de Joseph II et de Léopold II a été remplacée par une suspicion colérique et une sévérité impitoyable. Les hommes au caractère irréprochable étaient soupçonnés de désaffection et soumis à des rigueurs qui ne devraient être réservées qu'aux pires criminels. Une tyrannie éhontée suscita l'indignation d'un siècle éclairé, et une dynastie, remarquable par le caractère politique et inébranlable de ses princes, profita avec une sagacité rare de la situation pour réaliser à la fois la libération de l'Italie et sa propre suprématie dans la péninsule. La Maison de Savoie a triomphé non seulement du Vatican et des Bourbons, mais aussi de Mazzini et Garibaldi et de leurs partisans visionnaires et enthousiastes.

Il n'appartient pas à l'historien littéraire d'entrer dans les détails de cette grande lutte. Mais une remarque s'impose. Aucun homme d'État n'était plus profondément imprégné que Victor Emmanuel et Cavour de la conviction de la folie commise par ces factions victorieuses qui font des martyrs de leurs adversaires politiques. Si Charles Ier n'avait pas été décapité, Charles II ne serait probablement jamais monté sur le trône de ses ancêtres. Si Louis XVI n'avait pas été guillotiné, Louis XVIII n'aurait probablement jamais pu rentrer en France. Si Napoléon n'avait pas versé le sang du duc d'Enghien , il n'aurait probablement jamais suscité l'inimitié implacable de ses adversaires. Ces exemples semblent avoir toujours été présents à l'esprit des conseillers de la maison de Savoie. Et en vérité, s'ils avaient fait un Louis XVI du roi de Naples, s'ils avaient fait une Marie-Antoinette de sa reine, s'ils avaient fait un Boniface VIII de Pie IX, une telle réaction aurait déferlé sur la péninsule comme aurait détruit les fruits du travail de deux générations de patriotes. Heureusement pour l'Italie et pour eux-mêmes, ils ont su utiliser leur victoire avec modération. Il y avait sans aucun doute des esprits féroces et vindicatifs qui auraient réclamé un règne de terreur s'ils l'avaient osé ; mais ils ont été fermement maîtrisés, et le pays récolte désormais les fruits de la politique ou de l'humanité de ses libérateurs. Il y a sans doute eu des déceptions, notamment le poids écrasant des impôts, indispensables au maintien d'une armée immense et d'une marine puissante ; mais les esprits mécontents qui réclament un retour à l'ancien état de choses sont si rares qu'ils peuvent être traités avec une indulgence méprisante. Les symptômes de réaction qui peuvent apparaître sont si légers qu'ils sont positivement bénéfiques pour entretenir un esprit de critique et de contrôle sur l'exécutif, qui autrement, en raison du caractère indulgent de la population, serait laissé dormir. En fait, on peut poser comme un axiome que plus une nation est légère, plus grande est sa capacité à acquiescer, peut-être inconsciemment, à la mauvaise gouvernance de ses dirigeants.

Le XVIIIe siècle fut remarquable par la rareté des prosateurs éminents ; le XIXe siècle, au contraire, peut montrer un brillant éventail de philosophes, d'historiens et de romanciers ; et elle serait probablement plus étendue si le développement rapide de l'entreprise journalistique n'avait attiré vers la presse quotidienne de nombreux hommes compétents, qui se seraient autrefois consacrés à l'écriture de livres. Leurs articles dans les journaux et les magazines périssaient après le jour de leur parution, à l'exception des rares cas où un écrivain, ou ses amis, constituait un recueil destiné à être publié sous forme de livre. Ainsi, de nombreux esprits vifs et puissants ont travaillé pour l'illumination de leur génération, mais il ne reste aucune trace de leurs productions. La popularité illimitée de la fiction a amené une plus grande attention à cette branche de la littérature et des œuvres mémorables ont été offertes au monde. Pendant près de soixante-dix ans, le principal inspirateur a été le patriotisme, comme cela était tout à fait naturel au cours du siècle qui a vu la libération de la péninsule de l'oppression étrangère. La littérature d'Angleterre et d'Allemagne a commencé à être étudiée, et le mouvement romantique a introduit un style de sujet et de traitement entièrement nouveau. Les vieilles conventions des allusions mythologiques sont enfin vouées à un oubli mérité, et nous trouvons des poètes s'exprimant d'une manière directe et naturelle. L'ancienne timidité de la spéculation philosophique et religieuse est remplacée par une liberté sans limites, souvent associée à une haine intense du christianisme. Une forte originalité caractérise les écrivains du XIXe siècle, mais cette originalité s'achète souvent au prix d'un développement harmonieux et de la sérénité d'esprit. Ils ont raison d'envier la complaisance intellectuelle de l'Arioste et de Métastase. Cette discorde de l'esprit est plus marquée chez Leopardi que chez tout autre écrivain, bien qu'il ait été presque le premier à la manifester. En réalité, le XIXe siècle fut pour l'Italie une période de transition. Les anciennes formes de pensée, ainsi que les anciennes formes de gouvernement, ont été progressivement vaincues et détruites, et il serait peut-être prématuré de dire quelle forme précise elles sont susceptibles de prendre. Une chose est sûre; les anciennes méthodes ne pourront jamais être rétablies, et les efforts des pédants pour insuffler une nouvelle vie à leur décrépitude vétuste ne peuvent aboutir qu'à un échec ignominieux. L'autonomie et l'originalité doivent être les mots d'ordre de l'avenir, et il est gratifiant de constater que les meilleurs et les plus prometteurs de la jeune génération d'écrivains ouvrent, consciemment ou inconsciemment, de nouvelles formes d'art et de nouvelles perspectives d'idées. . On ne peut nier que certaines erreurs ont été commises. Le réalisme extrême a fait ses victimes en Italie comme ailleurs. Par désir excessif d'être exact, certains écrivains ont cessé d'être naturels. Dans leur effort pour éviter la superstition, d'autres auteurs ont préconisé un matérialisme grossier et vulgaire. Certains ont fait preuve d'un manque de décence répugnant ; d'autres, un mépris total pour la beauté et la pureté du style. Il y a eu une tendance à se livrer à des effets flagrants et sordides, dont le XVIIIe siècle était admirablement exempt. Mais, dans l'ensemble, il serait injuste de nier que le XIXe siècle offre un panorama saisissant d'événements émouvants et d'auteurs grands et mémorables.

CHAPITRE XIX.

LÉOPARD.

Il n'est pas fréquent qu'un écrivain s'élève si infiniment au-dessus de ses contemporains, que l'on puisse le désigner, sans crainte de contradiction, comme le plus grand de son siècle. Nous pouvons cependant le faire sans hésitation dans le cas de Leopardi. Les œuvres auxquelles il doit son immortalité sont, en effet, peu nombreuses et de courte durée, mais leur perfection leur donne une dignité que des productions plus volumineuses pourraient en vain imiter.

GIACOMO LEOPARDI est né à Recanati , ville de la Marche d'Ancône, le 29 juin 1798, fils aîné du comte Monaldo Leopardi et d'Adélaïde, sa femme, fille du marquis Antici . Il avait trois frères, Carlo, Luigi et Pierfrancesco , et une sœur, Paolina. Son père était un homme de goût littéraire et possédait une magnifique bibliothèque, dans laquelle le futur poète étanchait sa soif de connaissances avec autant d' ardeur que Magliabecchi , autrefois, dans la bibliothèque du cardinal Médicis. Il devança bientôt dans l'apprentissage les prêtres chargés de son éducation. Son esprit vif et indépendant rejetait toute direction et dédaignait la modération. Il apprit de nombreuses langues et s'efforça bientôt de mettre sur papier le résultat de ses études. Certains de ses admirateurs peu judicieux essayèrent de faire de lui un enfant prodige, et l'aiguillon de la vanité s'ajouta à sa passion pour la connaissance. Il travaillait jour après jour dans sa carrière intellectuelle, sans autre repos que les nécessités absolues de la nourriture et du sommeil. Le résultat peut être imaginé. Sa vue lui a fait défaut à cause de la tension impitoyable imposée par la lecture jusqu'à des heures tardives de la nuit, souvent à cause d'une bougie vacillante brûlée jusqu'à sa douille. Sa colonne vertébrale s'est courbée à force de se pencher constamment sur les énormes feuillets qui constituaient la base de sa lecture. Ses poumons réclamaient en vain la dilatation de sa poitrine exiguë et la fraîcheur du grand air. Ses nerfs ont cédé, sa nourriture n'a pas réussi à le nourrir et ses forces se sont finalement effondrées si complètement qu'il ne pouvait ni lire ni écrire, ni même penser ou parler. De seize à vingt et un ans, le mal était fait. Le devoir de ses parents était clair. Ils auraient dû dès le début interdire strictement le surmenage et l'obliger à faire de l'exercice et à s'amuser rationnellement. Malheureusement, ils semblent plutôt avoir encouragé le surmenage et, en réalité, avoir déconseillé tout divertissement et tout rapport sexuel avec le monde extérieur. Ils ne peuvent être acquittés de graves erreurs de jugement, mais il serait sévère de les accuser de cruauté. Monaldo était profondément attaché à ses enfants, mais il aurait été préférable de les envoyer à l'école et au collège, où ils auraient côtoyé des compagnons de leur âge, au lieu d'être laissés à ruminer seuls, l'esprit en proie à eux-mêmes . . Ils seraient alors rentrés chez eux, frais et joyeux, et heureux de retrouver leurs parents.

Monaldo avait été extravagant dans sa jeunesse, ses biens étaient considérablement grevés ; des motifs d'économie le faisaient probablement se réjouir de ce que ses enfants apprenaient effectivement plus à la maison que ce que l'on pouvait attendre des élèves des séminaires les plus célèbres. Plus tard dans sa vie, tout en étant disposé et heureux de les garder dans un style élégant dans sa maison ancestrale de Recanati , il trouva impossible de leur fournir suffisamment de fonds pour vivre à Rome, à Florence ou à Naples dans le style auquel ils avaient toujours été habitués. . C'est pourquoi il s'opposait fermement à leur désir de voir le monde. Il était parfaitement satisfait de son propre environnement et il ne comprenait ni ne sympathisait avec le désir de Giacomo d'élargir sa sphère d'expérience.

Il en résulta de douloureux malentendus. Giacomo, à cause de l'extrême prostration dans laquelle il était tombé, fut obligé de rester une année entière sans lire ni écrire, et il fut rejeté dans ses pensées mélancoliques. Il avait déjà reçu suffisamment d'éloges pour enflammer son ambition de jeunesse et il s'irritait de l'esclavage dans lequel il était maintenu. Pietro Giordani fut le premier homme littéraire éminent dont il fit la connaissance, et de longues lettres s'écoulèrent entre les amis, lettres pleines d'admiration de la part de Giordani , pleines d'impatience et de désespoir de la part de Leopardi. On ne peut douter un instant qu'il ait exagéré les horreurs de son état. De nombreux jeunes auraient été reconnaissants de prendre sa place dans une maison belle et digne ; mais peu de jeunes auraient pu être tourmentés par une mélancolie aussi amère et une ambition aussi démesurée.

Finalement, une résolution désespérée lui vint à l'esprit. L'autorisation de quitter son domicile lui a été refusée ; il agirait sous sa propre responsabilité et se réfugierait dans la fuite. Il fit des préparatifs pour un départ secret et écrivit une longue lettre à son père expliquant les motifs de sa mesure désespérée. Heureusement, ce projet insensé fut abandonné, mais la lettre fut conservée par son frère Carlo, et il est profondément regrettable qu'elle ait été publiée il y a quelques années. Il aurait bien mieux valu jeter un voile sur les excentricités d'un grand esprit et les malentendus entre des natures nobles et honnêtes, mais douloureusement divergentes dans la pensée et l'action. Cependant, la lettre existe et doit être traitée. Il n'y a rien de déshonorant ni pour le poète ni pour son père, mais beaucoup de choses sont inexprimablement douloureuses.

La lettre a été écrite au mois de juillet 1819. Il commence par dire avec une parfaite sincérité qu'il a toujours aimé son père, qu'il l'aimera toujours et qu'il est profondément affligé d'être la cause de sa souffrance. « Vous me connaissez, continue-t-il, et vous savez quelle a été ma conduite jusqu'à présent. Vous verrez que dans toute l'Italie, et je puis dire dans toute l'Europe, aucune autre personne de mon rang et même plus jeune que moi ne , et peut-être avec des dons intellectuels inférieurs aux miens, pourrait-on trouver qui montrerait la moitié de la circonspection, de l'abstinence de tous les plaisirs de la jeunesse, de l'obéissance et de la soumission à ses parents que j'ai montré. peu de talents que le Ciel m'a accordés, vous ne pouvez refuser tout à fait de crédit aux nombreux hommes estimables et célèbres qui m'ont porté le jugement que vous connaissez et qu'il ne m'appartient pas de répéter. C'était l'émerveillement de tous ceux qui m'ont connu. que je serais encore enterré dans cette ville, et que vous seul seriez d'un avis contraire et y persisteriez inflexiblement. Il ne vous est certes pas inconnu qu'il n'y a pas un jeune homme d'à peine dix-sept ans qui ne soit pas pris en main par ses parents pour le mettre en position de son avantage futur. Je ne dis rien de la liberté accordée à tous les jeunes gens de cet âge dans notre situation, liberté dont pas un tiers ne m'était accordé à l'âge de vingt et un ans. Ce n'est que récemment que j'ai commencé à vous demander de pourvoir à mon avenir de la manière indiquée par l'opinion de tous ceux qui m'ont connu. J'ai remarqué plusieurs familles de cette ville, probablement moins aisées que nous, consentant de lourds sacrifices pour donner naissance à leurs fils dans la vie, si faibles que soient les indices d'un talent prometteur.

"Beaucoup de gens pensaient que mon intellect montrait bien plus qu'une faible indication; mais vous pensiez que j'étais tout à fait indigne de la sollicitude d'un père ou d'un quelconque sacrifice de sa part, et vous ne pensiez pas non plus que mon bien-être présent ou futur était d'une importance suffisante pour que vous puissiez apporter des modifications à vos arrangements domestiques.

« J'ai vu mes parents se moquer des postes qu'ils obtenaient pour d'autres du Souverain Pontife, et espérant qu'ils prendraient la même peine pour moi, j'ai demandé qu'on obtienne au moins quelques moyens de subsistance qui me permettraient de vivre d'une manière convenable à ma position sans être un frein pour ma famille. On m'a répondu avec dérision, et vous ne pensiez pas que votre influence devait être utilisée pour obtenir une compétence décente pour votre fils. J'étais bien au courant des projets que vous aviez formant pour nous, et comment, pour assurer la prospérité de ce que vous appelez notre « *maison* » et *notre « famille »,* vous avez exigé de Carlo et de moi le sacrifice de nos inclinations, de notre jeunesse et de toute notre vie. que ni Carlo ni moi ne vous plairions jamais en cela, je ne pourrais pas avoir l'idée de ces projets. Vous ne savez que trop bien la vie la plus misérable que j'ai menée à cause des effets de mon horrible mélancolie et des tourments que j'ai endurés de cette façon. mon étrange imagination. Vous ne pouvez pas avoir été aveugle au fait qu'il n'y avait pas d'autre remède à ma santé souffrante depuis que je suis tombé dans cette misérable débilité, que de puissantes distractions, et enfin tout ce qu'on ne pouvait avoir à Recanati .

" Malgré tout cela, vous avez laissé un homme de mon caractère, soit consommer le reste de ses forces dans des études suicidaires, soit s'enfoncer dans le plus terrible ennui avec sa mélancolie. Ces maux étaient aggravés par la solitude environnante, et par la durée vide et inoccupée de ma vie, surtout ces derniers mois.

" Il ne m'a pas fallu longtemps pour constater qu'aucun argument ne pouvait vous émouvoir, et que l'extraordinaire fermeté de votre caractère, déguisée sous un extérieur doux, était telle que je ne pouvais nourrir même l'ombre d'un espoir. Toutes ces circonstances et mes réflexions La nature humaine m'a persuadé que je ne devais compter que sur moi-même, quoique dépourvu de tout. Et maintenant que, par la loi, je suis mon propre maître, je ne tarderai plus à prendre sur moi le poids de ma destinée. Je sais que la félicité humaine consiste dans le contentement, et que je pourrais plus facilement être heureux en mendiant du pain comme un mendiant, qu'entouré dans cette demeure de tous les luxes matériels qu'elle peut présenter. Je hais cette vile prudence qui nous glace et nous lie et nous rend incapables de chaque grande action, nous réduisant au niveau des animaux qui s'appliquent placidement à la conservation de cette vie malheureuse sans aucune autre pensée. Je sais que je serai tenu pour fou, comme tous les grands hommes ont été tenus avant moi. Et Même si la carrière de presque tous les grands génies a commencé dans le désespoir, je ne suis pas consterné de voir la mienne commencer ainsi. J'aime mieux être malheureux qu'obscur ; J'aime mieux souffrir que languir dans un ennui misérable qui est pour moi la mère féconde de mélancolies mortelles et de pensées noires de misère, plus angoissantes que tous les inconforts du corps. Les parents, en règle générale, jugent leurs enfants plus favorablement que les autres, mais vous, au contraire, jugez vos enfants plus durement, et donc vous ne croiriez jamais que nous sommes nés pour quelque chose de grand ; peut-être qu'aucune grandeur ne vous attire qui ne puisse être mesurée avec une précision géométrique.

" Après vous avoir, au mieux de mes possibilités, exposé les raisons de la démarche que je m'apprête à faire, il ne me reste plus qu'à vous demander pardon pour le chagrin qu'elle peut vous causer. Si ma santé était moins incertaine, j'aimerais mieux mendiez de maison en maison qui touchent une épingle qui vous appartenait. Mais si faible que je suis et sans espoir d'obtenir quoi que ce soit de vous, j'ai été obligé, pour ne pas mourir en route, de prendre ce qui est absolument nécessaire à mon Je suis profondément attristé, et ma résolution me fait presque hésiter quand je pense au chagrin que je vais vous causer, connaissant votre bonté de cœur et tous vos efforts pour nous rendre satisfaits de notre sort. Pour ces efforts , je vous suis reconnaissant du fond du cœur, et c'est une agonie pour moi de penser que je vais paraître infecté par le vice d'ingratitude que j'abhorre plus que toute autre chose. Seule la différence de nos principes qui n'était en aucun cas à surmonter et qui aboutirait nécessairement soit à ma mort ici de désespoir, soit à ma fuite comme je le fais, a été la cause de tous mes malheurs. Il a plu au Ciel, pour notre châtiment, que les seuls jeunes hommes de cette ville qui avaient des pensées au-dessus du niveau ordinaire de Recanati vous soient nés pour éprouver votre patience et que le seul père qui considérait de tels fils comme un malheur soit né. qui nous est attribué. Ce qui me console, c'est la pensée que c'est le dernier ennui que je vous donne, et qu'il vous libérera de ma présence importune. Mon cher père, si vous me permettez de vous appeler par ce nom, je m'agenouille devant vous et vous prie de pardonner à une personne si malheureuse par nature et par les circonstances. J'aimerais que mon malheur soit ma propriété exclusive et que personne ne puisse le partager avec moi, et j'espère qu'il en sera ainsi à l'avenir. Si jamais la fortune me rend propriétaire de quelque chose, ma première pensée sera de remplacer ce que je vous ai maintenant pris. La dernière faveur que je vous demande, c'est que si jamais vous rappelez à votre mémoire votre misérable fils qui vous a toujours vénéré et aimé, vous ne le maudirez pas ; et que si vous ne pouvez pas le louer, vous lui accorderez au moins cette compassion qui est accordée même aux malfaiteurs.

Telle est, abrégée en quelques passages, la lettre mémorable qui révèle les troubles de l'esprit de Leopardi. C'est un curieux mélange de vanité blessée, de torts imaginaires et de griefs authentiques. Il est assez étrange que Leopardi soit si inquiet pour son avenir. Il était le fils aîné de son père et, en tant que tel, héritier de domaines abondants, quoique quelque peu grevés. Je pense qu'il s'est trompé sur ses propres sentiments, et ce qu'il croyait que la sollicitude était pour son gagne-pain n'était en réalité que l'agonie d'une ambition insatisfaite. L'erreur fatale de son père a été d' enfermer un jeune homme si ardent et si ambitieux dans la routine restreinte d'une maison quelque peu cloîtrale. Monaldo et Adélaïde avaient une réelle crainte que leurs enfants ne soient contaminés par des associés indésirables ; et pour éviter ce mal, ni le poète ni ses frères n'étaient autorisés à sortir seuls. Les jeunes prisonniers étaient naturellement mécontents de cette surveillance, en particulier Leopardi qui, à l'époque où sa renommée littéraire se répandait dans toute l'Italie, était encore soumis aux restrictions de la crèche. "Tout le monde me traite comme un enfant", écrit-il, "sauf mes parents qui me traitent comme un bébé". Il n'est pas étonnant que le vol ait son côté romantique et ses attraits ; mais où serait-il allé s'il s'était enfui ? Sans doute, l'incapacité totale de répondre à cette question l'a fait abandonner l'idée. Carlo et Paolina ont remarqué quelque chose de particulier dans son comportement ; ils le surveillaient, et l'on peut supposer que leur affection lui arracha son secret, qu'il leur montra la lettre destinée à son père et qu'ils le persuadèrent d'abandonner ce projet sauvage et désespéré. Il aurait été bien que la lettre fût brûlée et que tout cet épisode malheureux tombât dans l'oubli. Cela donne au poète un aspect sauvage et visionnaire et au père un tyran plus obstiné qu'il ne l'était réellement. Il n'a absolument pas réussi à entrer dans les idées de son illustre fils, et la postérité l'a censuré avec une dureté qu'il était loin de mériter.

Leopardi abandonna l'idée de la fuite et se résigna tant bien que mal à la vie mélancolique qu'il était obligé de mener. Sa maison était terne, mais ce n'était pas, cela ne pouvait pas être, l'enfer sur terre que Montefredini , l'un de ses biographes, voulait nous faire croire. Il n'y avait pas de discorde domestique ; aucune trace de conflit n'est perceptible. Le style de vie dans la maison de Monaldo était élégant et même luxueux, mais ni son père ni sa mère ne semblent avoir encouragé les visiteurs ou reçu les divertissements comme on pouvait s'y attendre compte tenu de leur rang. Ils étaient sans aucun doute inquiets de la connaissance que Leopardi avait de Pietro Giordani . Giordani , bien que prêtre, avait la réputation d'être un libre penseur dans l'âme, et on tremblait qu'il ne transmette ses opinions au poète. On soupçonne même que de nombreuses lettres entre amis ont été interceptées. Mais d'autres non seulement sont parvenus à destination, mais ont été conservés et publiés, et forment aujourd'hui un noble mémorial de confiance et d'amitié. Leopardi pouvait par moments se consacrer à sa passion littéraire préférée et il publia certains de ses premiers poèmes ; mais leur caractère patriotique effrayait Monaldo inquiet . Il craignait que son fils ne soit considéré comme un sympathisant des Carbonari et Leopardi dut distribuer subrepticement les exemplaires et en parler le moins possible.

Il abandonne ses travaux dans le domaine de l'Antiquité classique et se tourne vers des thèmes originaux et émouvants, pleins de vie et d'actualité. Mais malheureusement, plus son intellect se développait, plus sa santé se détériorait. La mélancolie la plus noire ne l'a jamais quitté, et elle s'est intensifiée chaque jour par ses habitudes persistantes d'introspection. Il se plaint dans une lettre à Giordani d'une faiblesse totale de tout son corps et surtout des nerfs. Nous n'entendons pas parler de médecins appelés pour arrêter le mal, et le patient lui-même ne semble pas non plus les avoir demandés. On a laissé les choses dériver jusqu'à ce qu'il soit trop tard. "Je mens", dit-il dans l'une de ses lettres à Giordani , "sous une montagne de chagrins, et aucune lueur d'espoir n'est visible". "Je parle avec mon cœur et je ne fais pas semblant", s'exclame-t-il. Le grand poète est déjà un grand pessimiste.

En 1821, le ton de ses lettres devint un peu plus joyeux et il s'intéressa aux fiançailles de sa sœur Paolina et écrivit un poème sur son mariage. Mais les négociations furent rompues et le mariage n'eut jamais lieu.

Conscients de l'immense réputation qu'il possédait déjà et d'une vaste érudition, ses parents formèrent l'espoir qu'il embrasserait la carrière ecclésiastique et accèderait aux hautes dignités de la Curie romaine. Lorsqu'on obtint enfin leur consentement à son départ de chez lui, dans l'espoir que le changement profiterait à ses nerfs brisés, ce fut à Rome qu'il fut envoyé, sans doute avec le désir de lui faire des connaissances utiles dans l'avenir. Il résidait avec son oncle maternel, le marquis Carlo Antici . Mais à peine arrivé à Rome, il regretta Recanati , et il devint évident que partout où il allait, l'une de ses bizarreries les plus frappantes était une horreur intense pour son lieu de résidence, une haine totale qu'il ne modérait ni ne dissimulait. S'il appelait Recanati un donjon, il appelait Rome un gigantesque sépulcre . Ses nerfs brisés supportaient mal le concours des gens qui l'entouraient, et il voyait dans la société, non sa vivacité et son animation, mais sa frivolité et son vide. Il avait pour les hommes de lettres de Rome un mépris incommensurable. Il les méprisait pour leur dévouement aux minuties antiques . Mais ce reproche était venu de mauvaise grâce de la part de Leopardi, qui avait lui-même consacré des années d'études laborieuses, qui avait même dilapidé le précieux bien de la santé dans une élucidation laborieuse de problèmes grammaticaux et philologiques, à peine plus importants que les monnaies et les inscriptions des antiquaires romains.

Il fit cependant quelques connaissances agréables, au premier rang desquelles l'historien Niebuhr, alors ambassadeur de Prusse auprès du Vatican. Niebuhr conçut pour son génie la plus intense admiration et parla de lui dans les termes les plus élevés au cardinal Consalvi, secrétaire d'État de Pie VII. Le cardinal lui offrit la perspective d'une promotion précieuse, mais à condition qu'il embrasse la carrière ecclésiastique. Cependant, Leopardi offrait à cela une répugnance invincible. Ni ses propres intérêts ni la persuasion de ses amis ne pouvaient l'inciter à céder. Pie VII mourut en 1823 et Consalvi se retira de la direction des affaires publiques. Une occasion aussi favorable ne s'est jamais présentée. Niebuhr propose à Leopardi un rendez-vous en Prusse, mais il refuse, redoutant le long voyage et le climat rigoureux de Berlin. Aussi grande que soit sa réputation, aucune autre ouverture ne s'est offerte. Il est curieux de réfléchir aux vicissitudes de la renommée littéraire. Leopardi est aujourd'hui apprécié pour ses poèmes lyriques et pour ses dialogues et pensées en prose ; mais ses laborieuses études de philologie, études auxquelles il sacrifia la santé et le bonheur, sombrent rapidement dans l'oubli. Lorsqu'il se rendit à Rome pour la première fois, il avait à peine écrit une ligne de ce qui lui a conféré l'immortalité. Toute l'estime dont il jouissait lui était prodiguée pour les fruits de sa jeune industrie. Le grammairien capable de résoudre les passages les plus difficiles des écrivains antiques de Grèce et de Rome, qui connaissait aussi bien le Talmud que la Bible, qui connaissait les écrivains italiens les plus obscurs du XIVe siècle aussi intimement que ses contemporains connaissaient Pétrarque, était valorisé et vanté ; le poète mélodieux et le philosophe profond n'étaient ni ignorés ni méprisés, parce qu'on ne soupçonnait même pas son existence.

En 1823, après un séjour de cinq mois à Rome, il revient à Recanati . Il avait vu le monde qu'il avait tant envie d'explorer, et le désenchantement en était le résultat. Sa santé ne s'est pas améliorée, au contraire, elle a plutôt été blessée par les inévitables efforts des voyages, des visites touristiques et de la société. Il resta à Recanati pendant deux ans et pendant une partie de cette période il s'occupa de publier un volume de poèmes. Ils furent bien reçus, mais ils furent publiés secrètement, à l'insu de ses parents. La passion du surmenage ne l'a pas abandonné, même après l'avertissement que lui avait déjà donné sa santé brisée. "Je travaille jour et nuit autant que mes forces me le permettent. Quand je tombe en panne, je marche quotidiennement dans ma chambre pendant des mois." Il aurait mieux fait de se promener en plein air.

Ayant tant vu à Rome l'incompétence et la frivolité des gens de lettres, il désespérait de pouvoir apprécier à sa juste valeur la finition élaborée qu'il avait l'ambition de donner à ses productions et sans laquelle il ne se souciait pas d'écrire. Mais son esprit ambitieux lui commandait néanmoins de persévérer, et parmi les signes d'encouragement qu'il reçut fut l'hommage que lui rendit Niebuhr pour la dédicace d'une de ses œuvres. Lorsque Niebuhr quitta Rome, il enjoignit à son successeur Bunsen d'apprécier le grand mérite de Leopardi, et Bunsen se montra tout au long de sa vie l'ami du poète.

En 1825, il reçut une offre de l'éditeur milanais Stella pour diriger une édition des œuvres complètes de Cicéron et résider avec lui pendant que les feuilles passaient sous presse. Il a accepté avec plaisir. Il partit pour Milan en juillet et resta un mois à Bologne pour éviter la fatigue du voyage pendant la grande chaleur. Bologne était l'un des rares endroits qu'il appréciait vraiment. Il appréciait la compagnie de Giordani et d'autres amis, et il hésitait à s'en séparer. Arrivé à Milan, il avait hâte de retourner à Bologne ; tout lui paraissait répugnant et même hostile ; il ne s'est fait aucun ami ; ses devoirs à l'égard de l'édition de Cicéron lui paraissaient insupportablement ennuyeux ; et même il n'aimait pas les gaîtés de Milan, gaîtés auxquelles il était tantôt trop malade, tantôt trop mélancolique pour se joindre.

« Partout où il allait, il emportait son malheur », dit Ambrosoli , qui le rencontra à cette époque ; "et il ne pouvait rester heureux longtemps nulle part. Il ne pouvait obtenir aucun poste convenable en Italie, et hors d'Italie il n'en accepterait pas. Lorsqu'en 1825 il vint à Milan pour rester quelques mois chez l'éditeur Stella, il était déjà un objet de compassion, si jeune, et avec une telle réputation de génie et d'érudition, et pourtant visiblement pressé vers sa fin. Dans sa conversation comme dans ses écrits, il était si simple, si éloigné de toute ostentation, que peu de gens pourraient soupçonner qu'il était un homme extraordinaire ; mais peu à peu, les éclairs de son esprit et les trésors de ses connaissances révélèrent les pouvoirs qui étaient en lui.

Il réalisa enfin son intention de retourner à Bologne, mais la seconde visite ne fut pas aussi agréable que la première . Quand l'hiver arriva, il faisait un froid glacial et sa santé en souffrit en proportion. Il serait volontiers retourné à Milan, mais il ne reçut pas d'autre invitation. Il était occupé par un Commentaire sur Pétrarque, travail qu'il n'entreprit pas très facilement, mais qui lui fut imposé par Stella. Ce fut un grand succès, et Stella avait des raisons de se féliciter de sa perspicacité à faire accomplir le travail d'un écrivain aussi doué. Il confia à Leopardi la rédaction d'une sélection des meilleures œuvres des meilleurs auteurs, et cette tâche l'occupait encore lorsqu'il revint à Recanati , en novembre 1826.

Il paraît que pendant son séjour à Bologne il n'avait pas été insensible aux attraits de l'amour ; mais l'amour ne pouvait être pour lui qu'une source de tourment ; et comme son premier retour chez lui fut signalé par la destruction de l'espoir, son second le fut également par le fléau de l'affection. Il semblait, comme le héros du *Pilgrim's Progress,* se tordre sous l'emprise d'un désespoir géant ; et depuis le jour de son arrivée jusqu'à celui de son départ, au mois d'avril suivant, on ne l'a pas vu une seule fois dans les rues de Recanati .

Il chercha un remède à ses chagrins en retournant à Bologne, mais en vain ; et le 20 juin 1827, il partit pour Florence où il jouit de la société de Giordani ; mais une inflammation aiguë des yeux le confina dans la maison et l'empêcha longtemps d'inspecter les trésors d'art qui débordent de la ville toscane. A cette époque il publia son *Opérette Morali ,* une série de dialogues et d'essais, offrant, selon les meilleurs critiques de son pays, le spécimen de prose le plus parfait de la langue italienne.

A l'automne, il se rétablit quelque peu et, désireux de poursuivre son amélioration, il évita le froid de Florence en hivernant à Pise. Florence, comme résidence, ne lui plaisait pas, mais avec Pise il était enchanté. L'amélioration, cependant, n'était que légère, et ses nerfs étaient dans un état si faible que toute sorte d'application ou d'étude était hors de question. En avril 1828, il put se remettre à la composition, et il semblait renaître, lorsque la mort de son frère Luigi l'affligea profondément. De juin à novembre , il était de nouveau à Florence, mais son désir de rentrer chez lui s'est fait sentir après le récent deuil.

Il partit le 12 novembre pour Recanati en compagnie d'un jeune homme connu plus tard sous le nom de Vincenzo Gioberti . Il trouva sa ville natale obscurcie par l'ombre de la mort, qui lui semblait son héraut. Son ancienne tristesse revint, mais sous une forme plus terrible ; il ne voyait devant lui que l'anéantissement ; et il jeta le dernier regard sur la vie dans son superbe

Ricordanze , le plus richement coloré , le plus profondément pathétique, le plus insondable de tous ses poèmes.

En 1830, ses amis florentins, désireux de le retrouver parmi eux, insistèrent sur son retour dans leur ville. En conséquence, en mai, il a pris congé de sa famille, sans penser qu'il ne les reverrait plus jamais. Il serait curieux de savoir ce qui le rendait si malheureux lorsqu'il était chez lui, et pourtant, lorsqu'il était absent, il avait toujours envie d'y être. Son frère Carlo dira bien des années plus tard à Prospero Viani , rédacteur de sa correspondance, qu'aucun de ses poèmes écrits ailleurs n'avait la beauté de ceux composés à Recanati ; et lorsque Viani mentionna la *Ginestra* , Carlo répondit qu'en substance même la *Ginestra* avait été conçue à Recanati . Certains biographes disent que le *Risorgimento* a été écrit à Pise ; mais Ranieri, qui était probablement bien informé, dit qu'il a été écrit à Recanati , et cette affirmation est, je pense, confirmée par des preuves internes. Le *Canto Notturno* semble également avoir été écrit dans sa ville natale. Ainsi, la déclaration de Carlo serait correcte. On constate que les poèmes postérieurs au *Canto Notturno,* à l'exception d' *Aspasia* et du petit poème *To Himself,* ont un air de langueur, étranger à ses productions antérieures. Cette langueur est perceptible jusque dans la sublime *Ginestra* , et elle n'est pas absente des passages du *Pensiero. Dominante , Amore e Morte* , et le long et héroïque *Paralipomeni* . Le repos, si sépulcral qu'il puisse lui paraître, de Recanati , et la beauté exquise de son paysage, bordé au loin par les eaux bleues de l'Adriatique, étaient propices à l'exercice de l'imagination. Il ne faut pas non plus oublier qu'il parlait d'autres lieux (sauf Pise et Bologne) avec la même amertume. Le climat semble vraiment avoir fait des ravages sur sa silhouette délicate. Il n'accordait à ses habitants qu'un seul mérite, celui de parler italien avec pureté et élégance.

Son séjour à Florence, qui s'étendit de mai 1830 à octobre de l'année suivante, fut rendu mémorable par la publication d'une autre édition de ses Poèmes, avec de nombreuses pièces ajoutées et une épître de dédicace à ses amis toscans. A cette époque, il fait la connaissance de Ranieri, un Napolitain aux talents littéraires, qui sera son ami intime et futur biographe.

En octobre 1831, il disparut soudainement de Florence et réapparut à Rome, personne ne pouvait le dire pourquoi. Il écrivit à ce sujet à son frère Carlo, le suppliant de ne pas lui demander les détails d'une longue romance pleine de douleur et d'angoisse. On a supposé qu'il avait fixé ses affections sur un objet indigne et qu'il avait été amèrement détrompé. Quelles qu'aient été les circonstances, il est certain qu'à Rome sa misère mentale, toujours grande, atteignit une hauteur intolérable, et qu'il nourrit pendant un temps des pensées d'autodestruction. Mais la force de son caractère a vaincu la force de son affliction, et il s'est progressivement adouci pour retrouver une humeur plus sereine. A cette époque, l'Académie florentine della Crusca l'a élu membre, un digne hommage à son génie et à son éloquence. Après un séjour de cinq mois à Rome, il retourna à Florence, où il tomba si dangereusement malade que le bruit de son décès se répandit. Les médecins le pressèrent d'essayer un climat plus doux et, en septembre 1833, il partit pour Naples, accompagné de Ranieri.

C'est à Naples et dans ses environs que le reste de sa vie était destiné à se dérouler.

Les beautés naturelles de la campagne environnante étaient délicieuses pour ceux qui appréciaient tant leur charme. Sa santé s'améliora au fil du temps, et il put déployer les richesses de son intellect en écrivant les *Paralipomeni* , beaucoup de pensées détachées en prose, comme les *Pensées* de Pascal et les *Maximes* de La Rochefoucauld ; et surtout son poème philosophique et immortel, le *Ginestra* , dont on peut dire que s'il n'avait rien écrit d'autre, sa renommée se perpétuerait par cette seule production.

En mars 1836, celui qui avait autrefois si profondément soupiré après la mort et qui l'avait invoquée dans des vers si exquis, se sentit si bien amélioré dans sa santé qu'il crut avoir de nombreuses années devant lui. Mais ce n'était que le dernier vacillement de la flamme avant qu'elle ne s'éteigne pour toujours. Le choléra faisait rage en 1837, et la perspective d'être victime d'une mystérieuse et terrible maladie le remplissait d'horreur. Le grand poète allemand Platen, qui avait résidé à Naples avant son départ pour la Sicile, où il mourut, fut le premier à l' alarmer à ce sujet.

Leopardi était profondément malheureux et son étrange aversion pour les lieux où il vivait se réveillait avec une violence déraisonnable. Il a décrit Naples comme un repaire de sauvagerie africaine barbare. Il avait soif de retour chez lui et de sa famille, et la dernière lettre qu'il avait envoyée à son père (trois semaines avant son décès) était pleine de projets de retour à Recanati dès que ses infirmités et la quarantaine le lui permettraient. Il n'était plus capable d'écrire ses lettres depuis quelques années, à cause d'une déficience visuelle, et il était obligé de les dicter à un assistant.

« Si j'échappe au choléra, dit-il dans cette lettre qui sera la dernière, et dès que ma santé le permettra, je ferai tout mon possible pour vous rejoindre, quelle que soit la période de l'année ; car il me faut Hâtez-vous, persuadé que je suis que le terme prescrit par Dieu à mes jours ne peut plus être lointain. Mes souffrances physiques, incessantes et incurables, ont atteint avec le temps un tel degré qu'elles ne peuvent s'aggraver, et j'espère que lorsqu'elles seront Quand la faible résistance de mon corps mourant sera épuisée, ils pourront me conduire à ce repos éternel que je demande chaque jour, non par héroïsme, mais par l'intensité des angoisses que je souffre.

Ses douleurs terrestres touchaient en effet à leur fin, et il mourut subitement à Capo di Monte, alors qu'il s'apprêtait à sortir faire une promenade, à cinq heures de l'après-midi le 14 juin 1837, âgé de trente-neuf ans tous. mais quinze jours. "Son corps", dit Ranieri, "sauvé comme par miracle du lieu de sépulture commun et confus imposé par la réglementation sur le choléra, a été enterré dans l'église suburbaine de San Vitale, sur la route de Pozzuoli, où une simple dalle indique sa mémoire à le visiteur." Il était mince et de petite taille, un peu courbé et très pâle, avec un front large et des yeux bleus, un nez aquilin et des traits raffinés, une voix douce et un sourire des plus séduisants. Son père lui survécut dix ans ; sa mère, vingt ans ; sa sœur Paolina, trente-deux ans ; et son frère Carlo, près de quarante et un ans. Son plus jeune frère, Pierfrancesco , décédé en 1851, également à l'âge de trente-huit ans, était seul destiné à perpétuer la famille. Carlo s'est marié deux fois, mais n'a eu qu'une fille, décédée jeune, de sa première femme. Je dois à la gentillesse du comte et de la comtesse Leopardi plusieurs ouvrages intéressants relatifs au poète.

M. Charles Edwardes a traduit avec une grande habileté les œuvres en prose de Leopardi ; J'ai traduit ses Poèmes, afin que les lecteurs qui ne connaissent pas l'italien puissent maintenant se faire une idée de sa philosophie et de sa poésie. Aussi bien comme penseur que comme poète, il se distingue par sa profondeur. En tant que prosateur, il présente une ressemblance frappante avec Pascal. Il y a dans les deux cas la même sombre puissance d'imagination, la même méthode de méditation profonde et la même intensité de pessimisme. En tant que poète, il fait preuve d'une merveilleuse variété de pensées et d'expressions. Son poème moqueur héroïque, intitulé *Paralipomeni della Batracomiomachia* , est, comme son nom l'indique, une sorte de continuation du poème grec décrivant la guerre des grenouilles et des rats. Le sujet est misérablement choisi et il est évident que le récit ne sert qu'à introduire les digressions, et c'est dans ces digressions que se déploient l'imagination brillante et la félicité du style du poète. En effet, c'est seulement dans le style que l'on peut dire que l'œuvre a du mérite. C'est la plus longue de ses productions poétiques, et il est fort regrettable qu'il n'ait pas consacré le travail gaspillé sur un sujet si frivole à un thème plus digne de son génie. Il y a cependant quelques beaux passages, comme par exemple une description très poétique de la Nuit, dont je joins une traduction :

> "L'étoile de Vénus dans les cieux
> est apparue devant les autres étoiles ou la lune;
> Tout était silencieux; aucun souffle n'a été
> entendu, aucun cri, à moins que le murmure
> d'une lagune lointaine, Et les moucherons
> bourdonnants qui volent de la forêt Quand les
> ombres voilantes remplacent l'éblouissement.
> de midi; le joli visage d'Hesperus sereneWas
> dans le lac en pure réflexion vu.

Le poème offre également une description exquise du coucou, qui peut être comparée au poème de Wordsworth sur le même sujet :

> En mai parfumé, quand l'amour et la vie sont liés
> Dans des liens plus étroits, on entend au loin le Coucou, Oiseau mystérieux, qui dans les bois profonds Laisse échapper des soupirs presque humains, Qui, comme un fantôme nocturne, tout autour Trompe le berger qui le suit de loin On n'entend pas longtemps la voix : elle diminue et meurt, bien que née au printemps, lorsque les chaleurs de l'été surgissent."

Mais la renommée universelle de Leopardi repose sur les quarante et un poèmes et fragments de poèmes publiés sous le titre collectif de *Canti* . Trente-quatre des pièces sont des poèmes complets et originaux, sept sont soit des fragments, soit des traductions.

On retrouve dans la lecture des Odes et des Sonnets de Pétrarque une certaine similitude, d'où il est difficile de garder dans la mémoire la plupart des poèmes distincts les uns des autres, si beaux qu'ils soient. On ne peut pas en dire autant des *Canti de Leopardi* . Là, chaque poème a sa propre individualité et fait une impression indélébile sur le lecteur. J'en citerai quelques-uns des plus beaux, et commencerai par un de ses chefs-d'œuvre les plus admirés, dans lequel, sous le déguisement de Sappho, avant de faire le saut fatal du promontoire de Leucadia, il déplore ses propres afflictions physiques.

LA DERNIÈRE CHANSON DE SAPPHO.

(*Ultimo Canto di Saffo*).

Toi, nuit paisible, rayon chaste et argenté de la Lune déclinante ; et toi, survenant au milieu de la forêt tranquille sur les rochers, héraut du jour ; Ô chéris et aimés, Tandis que le Destin et le Destin étaient à ma connaissance fermés, Objets de vue ! Aucune belle terre ni aucun ciel ne réjouissent plus mon humeur désespérée. Par une joie inhabituelle nous sommes ressuscités Quand sur les espaces liquides des cieux Et sur les champs alarmés tourbillonnent sauvagement La tempête des vents, et quand la voiture, La lourde voiture de Jupiter , au-dessus de nos têtes Le tonnerre divise l'air lourd et obscur. O'er les sommets des montagnes et o'er les abîmes profonds Nous aimons flotter parmi les nuages les plus rapides; Nous aimons la terreur des troupeaux dispersés, Les ruisseaux qui inondent la plaine, Et les victorieux, fureur tonitruante du principal.

Ta vue est belle, ô ciel divin, et tu es belle, ô terre rosée ! Hélas! De toute cette beauté infinie, les dieux ou le destin inexorable n'ont donné aucune part à la misérable Sappho. Pour ton règneSuperbe, ô Nature, un hôte indésirableEt un adorateur désapprouvé, mon cœurEt mes yeux implorent tes belles formes ;
Mais tout cela en vain. La terre ensoleillée autour ne me sourit pas, ni depuis les portes éthérées La rougeur de l'aube matinale ; pas moi les chants des oiseaux aux plumes brillantes, pas moi les arbres Saluent avec des feuilles murmurantes ; et là où à l'ombre des saules tombants un ruisseau liquide affiche son cours pur et cristallin, de mon pied qui avance les vagues douces et fluides se retirant avec effroi, il parcourt dédaigneusement son vol à travers les vallons fleuris.

Quelle faute si grande, quelle culpabilité si grave m'a-t-elle flétri avant ma naissance, pour que le front de la fortune et du ciel s'oppose à moi ? Comment ai-je péché, enfant, alors que j'ignorais la méchanceté, qui à partir de ce moment-là a été dépouillé de sa jeunesse et de ses les plus belles fleurs,Les destins cruels ont tissé avec une colère implacableLa toile de mon existence ? Des paroles imprudentes s'élèvent sur tes lèvres ; les événements qui doivent se produire, un conseil secret guide. Le secret est tout, sauf notre agonie. Nous sommes nés, Race négligée, pour les larmes ; la raison se trouve au milieu des dieux en haut. Oh soucis et espoirs Des premières années ! Le Sire a donné à la beauté un règne éternel à la beauté glorieuse ; pour un acte guerrier,Pour une lyre ou un chant savant,Dans une forme sans fioritures , aucun charme n'appartient à la gloire.

Ah ! mourons. L'habit indigne dépouillé, L'âme nue prendra sa fuite Et expiera la faute cruelle des dispensateurs aveugles de notre sort. Et toi pour qui un long amour vain, une longue foi et une rage stérile, un désir inassouvi ont assailli mon cœur, vis heureux, si heureux sur terre un mortel a encore

vécu. Ce n'est pas moi qui ai saupoudré Jove de la liqueur délicieuse de l'urne avare, car de mon enfance sont morts les rêves et les illusions affectueuses. Les jours heureux de notre existence sont les premiers à s'envoler ; puis la maladie et l'âge approchent, et enfin,
l'ombre de la mort glaciale. Voir! de tous
Les palmiers que j'espérais et les douces erreurs, Hadès reste ; et l' esprit
transcendant coule jusqu'au rivage stygien, où règne la nuit de sable et le silence pour toujours.

L'INFINI.

J'ai toujours aimé cette colline solitaire et cette haie verte qui cache de tous côtés le dernier et sombre horizon à notre vue. Mais tandis que je m'assois et regarde, un espace sans fin bien au-delà d'elle et un silence surnaturel et le calme le plus profond de ma pensée que j'imagine, et comme avec La terreur est mon cœur envahi
par une crainte merveilleuse. Et tandis que j'entends le vent Au milieu du bruissement des feuilles vertes, je compare Ce silence infini à ce son, Et pour mon esprit l'éternité se produit Et tous les âges disparus, et le présent Dont le son rencontre mon oreille. Et ainsi, dans cette
Immensité, ma pensée dérive, Et faire naufrage sur une telle mer est doux.

À SYLVIE.

Sylvia, te souviens- tu
encore de ce doux temps de ta demeure sur terre, Où la beauté ornait ton front Et enflammait tes yeux si radieux et si gais, Et toi, si joyeuse et pourtant d'humeur pensive, As-tu suivi le beau chemin de la jeunesse ?

Les chambres calmes et immobiles, les sentiers ensoleillés autour, résonnaient ta chanson, quand tu, dans l'intention de ton travail,
étais assis, plein de joie,
devant le bel avenir où étaient liés tes espoirs. C'était le mois parfumé du mois de mai fleuri, Et ainsi s'est passée ta

journée.

Moi, laissant souvent derrière moi
les travaux et les veilles de mon esprit
qui ont consumé ma vie et que j'étais de loin le meilleur
tombeau, je me suis éloigné des croisées de la maison de mon
père. Mes oreilles prêtent attention à ton chant d'argent et à
ta main rapide qui balayait avec habileté la filature. filer;J'ai
regardé le ciel serein,Les chemins et les fleurs radieux,Et ici la
mer, là la montagne, s'étendre.

Quelles pensées divinement douces, quelles espérances, ô
Sylvie ! et quelles âmes étaient les nôtres ! Sous quelle forme
avons-nous rencontré notre destin et notre vie ? Quand je
me souviens d'un tel vol aspirant, une douleur féroce envahit
mon âme que rien ne peut consoler et je déplore à nouveau
mon malheur. des promesses justes ? Pourquoi ta misérable
progéniture est-elle pleine de fraudes et méprisée ?

Toi, avant que les herbes ne fussent détruites par l'hiver,
Conduite au tombeau par une maladie inconnue,
Tu as péri, tendre fleur. La fleur de ta vie
n'a pas été appréciée par toi, ni entendue, ton cœur pour
plaire, l'admiration de tes cheveux corbeau, ou des regards
amoureux de tes yeux ;
Ni tes compagnons à l'heure de fête ne parlaient des
ravissements de l'amour passionné ou de ses soupirs
brûlants.

Bientôt, mon espoir aussi était mort et parti. Par le décret
cruel du Destin, la jeunesse a été refusée à mes années. Ah
moi ! Comment es-tu passé depuis toujours, Toi, cher
compagnon de mes premiers jours,
Mon espoir tant déploré !
Est-ce le monde ? Sont-ce les joies, les amours, les travaux et
les actes
dont nous avons si souvent parlé ensemble ? Est-ce là le
destin vers lequel l'humanité se dirige ? Quand la sombre
réalité devant toi s'est révélée, tu as coulé , et ta main
mourante
a pointé vers la mort, une figure de froid l'obscurité, et vers
un tombeau lointain.

La tempête est passée ; les oiseaux se réjouissent ; j'entends
les chanteurs à plumes accorder leurs notes lorsqu'ils
ressortent. Voir! le ciel traverse sereinement les régions de
l'Ouest, au-delà de la crête des montagnes ; le pays tout
autour émerge de l'ombre, et en bas, dans la vallée, la rivière
brille clairement.

Chaque cœur se réjouit ; partout le bruit de la vie reprend vie
et le travail habitué ; l' artisan pour voir le ciel liquide,
avec des outils à la main et chantant en arrivant, devant la
porte de sa demeure apparaît ; la jeune fille avec sa cruche
sort pour saisir les eaux de la pluie récente. ,Et celui qui
trafique les fleurs et les herbes de la Terre Mère, son cri
quotidien se renouvelle dans les routes et les ruelles à mesure
qu'il avance. Voyez comment le Soleil revient ! Voyez comme
il souritSur les collines et les maisons ! Des mains occupées
ouvrent les fenêtres et retirent les paravents Des balcons et
des vastes terrasses ; Et de la rue où circule une circulation
animée Les clochettes tintent au loin en argent ; Les roues
tournent comme maintenant le voyageur
reprend son long voyage sur la route.

Chaque cœur se réjouit. Quand la vie est-elle si douce, si
bienvenue, telle qu'elle apparaît maintenant à tous ? Quand
avec la même joie l'homme se penche-t-il vers les études,
vers le retour au travail, ou vers de nouvelles actions ?
Quand se souvient-il moins de tous ses maux ? Ah, en vérité,
le plaisir est l'enfant du malheur ; un long tourment, Froid,
silencieux, flétri par la peur attendue, Frissonnant et
tremblant, voyant depuis la porte du Ciel Les Puissances en
colère marcher en ordre serré, Les nuages, les vents, les traits
de feu vivant, Vers notre anéantissement et notre désespoir.

Ô Nature généreuse ! ce sont tes présents, ce sont les joies
que tu fais pleuvoir sur les mortels ; échapper à la douleur est
le bonheur sur terre. Tu déverses les chagrins d'une main
abondante ;
La douleur naît librement d'une graine fertile ; le petit plaisir
qui naît par miracle d'un malheur sans fin, est considéré
comme un immense gain. Notre race humaineChère aux

éternels souverains du ciel !Ah ! tu es assez béni et heureux si
un bref répit de la douleur te donne de respirer et de vivre ;
Tu es favorisé au-delà de toute comparaison
si tu es guéri de tout chagrin par la mort.

LE SAMEDI SOIR DES VILLAGEOIS.

Du bosquet et de la clairière, la jeune fille prend son chemin
Quand à l'ouest le soleil couchant se repose ; elle a cueilli des
fleurs ; ses doigts fins portent une richesse parfumée de
violettes et de roses, et avec leur beauté elle ornera ses
cheveux, sa belle poitrine avec leurs feuilles s'entrelacent;
telle est son habitude chaque jour de fête. La vieille matrone
est assise sur les marches et avec ses voisins tourne le rouet,
Face aux cieux où les rayons déclinent ; Et elle se souvient
des années, Les années heureuses où, le jour de fête, C'était
sa beauté qui avait l'habitude de se déployer,
Et quand, au milieu de ses amants et de ses pairs,
Dans l'orgueil éclatant de la jeunesse, Ses pas rapides à
travers une danse labyrinthique le faisaient glisser.

Le ciel s'assombrit déjà et sereineLa voûte d'azur révèle sa
beauté ;De la colline et de la tour une ombre allongée
voleDans la blancheur argentée du croissant de lune.Nous
entendons la cloche lointaineDe demain festif raconter ;Pour
les cœurs fatigués quelle aubaine généreuse !Les enfants
heureux dans le l'espace ouvert Dans les numéros dansants
se presse avec le jeu, la plaisanterie et la chanson ; et vers sa
maison tranquille et son tarif simple, l'ouvrier répare
et siffle pendant qu'il va, heureux du lendemain qui apportera
le repos.

Puis, quand aucune autre lumière autour n'est vue, aucun
autre son ou agitation, nous entendons la frappe du marteau,
la scie à réseau du charpentier occupé; il est sur le point et
fait, si différent de ses voisins tranquilles ; sa lampe nocturne
D'une lumière utile l'atelier obscur remplit, Et il se hâte de
terminer ses affaires Avant l'aube, les régions célestes saluent.

Celui-ci des sept est le jour le plus heureux, avec espoir et
joie gais ;
Demain, le chagrin et les soins, les heures importunes dans

leur progression supporteront ; demain, chacun et tous
penseront que leurs travaux habituels se rappelleront.

Ô joyeux jeunesse ! Ton temps de vie si gai est comme un
jour joyeux et délicieux,
Un jour clair et serein
Qui précède la fête prochaine De ta belle vie. Réjouir! Ce
jour est vraiment divin, je le pensais. Je n'en dirai pas
davantage ; mais quand il s'agit de toi,
ta fête, qu'elle ne soit pas mauvaise.

ASPASIE.

Parfois encore, ta ressemblance apparaît à ma pensée , ô
Aspasie !
soit clignotant sur mon chemin au milieu des repaires des
hommes sous d'autres formes ; ou au milieu des champs
déserts Quand brille le soleil ou la tranquille armée des
étoiles, Comme par la plus douce harmonie s'éveille,
S'élevant dans mon âme qui semble une fois de plus céder à
cette vision toute superbe, Combien adoré, ô Ciel !
d'autrefois, avec quelle joie la joie et l'auréole de ma vie !
Je ne rencontre jamais le parfum des jardins ni des fleurs que
les villes peuvent déployer, sans te voir tel que tu es apparu
le jour où dans tes splendides chambres qui donnaient le
parfum des fleurs les plus douces du printemps récent, vêtu
de robes qui portaient la teinte violette, d'abord la tienne. La
forme angélique rencontra mon regard alors que toi, allongé,
tu te reposais
sur d'étranges fourrures blanches, et un charme profond et
voluptueux semblait être à toi, tandis que toi, enchanteresse
habile aux cœurs aimants, sur les lèvres roses de tes beaux
enfants de nombreux baisers fervents
t'imprimaient en te penchant. à eux ton cou
D'une beauté neigeuse, et avec une belle main Leurs formes
naïves, inconscientes de ta ruse, S'agrippant à ton sein, tant
désiré, Bien que caché. A la vision de mon âme Un autre ciel
et un monde plus envoûtant Et un rayonnement comme
venant du Ciel se révélèrent. Ainsi dans mon cœur, bien que
non désarmé, ta puissance
planta la flèche que j'ai blessée porta
Jusqu'au jour où la terre en rotation Une seconde fois

accomplit son cours annuel.

Un rayon divin est apparu à ma pensée, Madame, votre beauté. Effets similaires La beauté et l'harmonie de la musique produisent, révélant à la fois les mystères sublimes de l'Eden inconnu. De là l'âme aimante, quoique blessée dans son amour, adore la naissance de son esprit affectueux, l'idée amoureuse qui inclut l'Olympe dans son étendue, et semble de visage, de manière et de discours semblable à celle que l'amant enchanté se croit seul à chérir et à admirer. Ce n'est pas elle, mais cette douce image qu'il serre, même dans les ravissements d'une tendre étreinte. Enfin, son erreur et les objets ont changé. Percevant, la colère l'envahit, et il l'accuse souvent à tort qu'il pensait aimer. monte, et ce que ses charmes inspirent, elle pense peu et comprend rarement. Un esprit si fragile ne peut nourrir une telle pensée.

En vain l'homme, trompé par la lumière de ces yeux captivants, se laisse aller à l'espoir ; en vain il demande des pensées profondes et cachées, transcendant le savoir mortel, de celle à qui la loi de la nature a attribué un rang moindre, car sa forme est moins forte que celle de l'homme. reçu, ainsi aussi son esprit moins d'énergie et de profondeur. Ni toi encore quelles inspirations vastes Dans ma pensée ta beauté suscitée, Aspasia, ne pouvais concevoir. Tu ne sais pas quel amour sans mesure et quels malheurs intenses, quelle frénésie sauvage et quels sentiments sans nom, tu as ému en moi, et le temps n'apparaîtra pas où tu pourras le savoir. De même, l'interprète habile ignore ce qu'il suscite avec la main ou la voix chez ses auditeurs. Cette Aspasie, que j'adorais tant, est maintenant morte. Elle reste basse pour toujours, autrefois idole de ma vie ; à moins que parfois, ombre chérie, elle ne se lève, avant de disparaître. Tu es toujours vivant, non seulement beau, mais d'une telle perfection que, à mon avis, tu éclipses le reste. Mais maintenant l' ardeur née de toi est épuisée ; Parce que je ne t'aimais pas toi, mais cette belle déesse qui avait sa demeure en moi, maintenant sa tombe. Je l'ai longtemps adorée, et ainsi j'ai été satisfait par sa beauté céleste, que, dès le début, pleinement conscient et conscient de ce que tu es, si rusé et si faux, voyant dans tes yeux la lumière des siens, te poursuivit affectueusement pendant qu'elle vivait en moi ;

non ébloui ni trompé, mais induit par la jouissance de cette douce ressemblance, un long et amer esclavage à supporter.

Maintenant, vante-toi, car tu peux bien le faire . Dis que tu es le seul de tout ton sexe, à qui j'ai incliné ma tête hautaine, à qui j'ai volontiers rendu mon cœur en hommage. Dis que tu as été le premier (et le dernier, je l'espère vraiment), à voir mes yeux, mon regard implorant, et moi devant toi, timide et craintif (au moment où j'écris, je brûle de colère et de honte) ; moi de moi-même privé,Chaque regard de toi, chaque geste et chaque motObservant docilement ; à tes monstres hautainsPâle et soumis ; puis rayonnant de déliceÀ tout signe de faveur , changeant de teinte
À chacun de tes regards. Le charme a disparu ; et avec lui, brisé, tombe le lourd joug, d'où je me réjouis. Bien que la lassitude soit avec moi, Pourtant, après un tel délire et une longue servitude
, J'embrasse à nouveau
ma liberté et mon esprit libre . Car si une vie vide d'affections et d'erreurs est douce, Sois comme une nuit sans étoiles dans les profondeurs de l'hiver, Une vengeance suffisante et un baume suffisant pour moi qu'ici sur l'herbe Allongé tranquillement et impassible, je contemple le ciel, la terre, l'océan et je souris sereinement.

SUR LE PORTRAIT D'UNE BELLE FEMME

GRAVÉ SUR SON TOMBEAU.

Telle était ta forme sur terre, mais la tempête impitoyable de la mort a réduit ta beauté en poussière. Témoin muet de la fuite des âges ici,
cette image de ta beauté périe
reste impassible, comme si elle détenait en confiance la tutelle de la mémoire et de la douleur, au-dessus. les cendres qui seules restent de ces doux charmes qui ont béni ton être. Ce regard tendre, palpitant comme de peur, les yeux qu'il a percés, comme il semble le faire maintenant; des bras affectueux ; cette main, le trésor le plus riche de l'amour, qui, lorsqu'elle se serrait, connaissait une pression réactive ; et ce beau sein dont les charmes célestes donnaient à ceux qui

voyaient une teinte blafarde et pâle De l'excès de leur passion
adoratrice : Autrefois, ils étaient aussi beaux que la mode de
ces sculptures ; Mais tout ce qui reste maintenant sur terre de
toi, c'est de la poussière et des cendres que nous ne pouvons
pas voir ; ton monument aux siècles qui s'ensuit cache à
notre vue la vision lugubre. très cher. Ô mystère éternel du
monde ! Maintenant source et trésor d'une pensée
prodigieuse, La beauté apparaît dans une majesté sublime,
Même comme une Reine en robes royales ornées de perles ,
Et semble sur terre une splendeur céleste apportée
Des royaumes plus beaux au-delà des limites du temps ; Elle
semble nous donner l'espoir de destins capables de faire face
à un chagrin mortel, de foyers plus heureux et de planètes
plus divines où brillent
les splendeurs dorées ; Mais le lendemain, si faible que soit le
coup qui la frappa au point qu'elle déclina et mourut,
Redoutable à voir et abjecte à nos yeux, Devient cette beauté
sans égal qui auparavant Ressemblait aux Séraphins qui
adorent au ciel Le trône radieux du Sire céleste ; Et tous les
rêves merveilleux elle a inspiré leurs couleurs perdre et
décroître
et dans nos âmes cédantes ne règnent plus. Des désirs
étranges et infinis et des feux visionnaires
font une musique merveilleuse dans notre sillage de fantaisie,
et nous prenons ensuite à travers une mer délicieuse un
voyage merveilleux comme un marin intrépide des
profondeurs; mais si un écrasement de discordeLa ruée
ravissante de notre esprit,Le sort est brisé et nos âmes sont
libresUne veillée solitaire sans soulagement à garder:Une
pause si légère que le bonheur solennel peut marrer.Ô
Nature, dis, si tu es totalement vil,Si la poussière et les
cendres symbolisent ton être ,
Comment peux-tu être si noble et si clairvoyant ? Et si tu es
si juste que tes enfants peuvent tromper avec l'art et la
sagesse leurs rêves sacrés, leur part assignée, pourquoi, pour
une cause si légère, tous tes aspirations affectueuses sont-ils
mis en fuite ?

Exquise est l'image de " LA VITA SOLITARIA " *de la méditation silencieuse.*

Parfois je m'assois dans un endroit solitaire,
Sur une colline, ou au bord d'un lac calme, Bordé et orné de
fleurs taciturnes. Là, quand la pleine chaleur de midi informe

le ciel, Son image paisible est représentée par le soleil, Et
pour l'air ne bouge ni les feuilles ni les herbes, ni les vagues
ébouriffantes, ni les criquets stridents, ni les oiseaux se
déplaçant dans les branches au-dessus, ni les papillons
flottants, ni la voix ni les pas, de loin ou de près, ne peuvent
voir ou entendre. Ces rivages sont tenus dans la quiétude la
plus profonde. : D'où j'oublie le monde et même moi-même,
Assis impassible ; et il me semble que mon corps est libéré,
n'est plus usé par l'âme ou le sentiment, et son ancien repos
se mélange au silence tout autour.

Très noble est la conclusion de « L'ÉPÎTRE AU COMTE CARLO PEPOLI » :

Tu aimes le chant et les poètes charment ton esprit ;
Ta tâche est de trouver ce don le plus rare, Cette beauté de
l'âme, parmi les hommes, Si rarement vue, si fugitive et si
fragile, Que nous déplorons son absence plutôt que sa perte.
Trois fois heureux celui qui n'a jamais perdu la flamme
De la riche imagination lorsqu'il est venu Aux teintes
automnales de ses années, En qui la fraîcheur du cœur
apparaît
À jamais pure et tendre ! Bienheureux celui
que la nature encore dans la sainte liberté préserve et garde
pour qu'il puisse orner son front de tous les trésors que ses
pensées lui permettent. Tel est le don que le ciel t'a conféré !
ta tête montre ses signes argentés.

Je sens en moi toutes les illusions bénies qui ont soutenu ma
jeunesse et l'aube de ma vie ; je les ai beaucoup aimés, et
jusqu'à la fin amère, je tendrai avec des larmes leur tendre
souvenir. Quand viendra le temps où mon âme sera
complètement et durement gelée
, ni dans les cieux étoilés, les splendeurs groupées donnent de
la joie à mon esprit,
mes pensées émerveillées sont employées dans de vagues
suppositions ; ni les collines ensoleillées et les lieux solitaires
ne sourient, ni les oiseaux gazouillants avec leurs premières
notes ne séduisent mon cœur fatigué ; ni, naviguant dans le
ciel, la Lune royale ne soit la bienvenue à mes yeux ; quand
l'art et la nature seront pour moi muets, et que des
sentiments tendres comme un étranger viendront : alors
d'autres traditions, bien que moins appréciées, je choisirai
que j'ai le sens de la vie amère peut perdre. Mon esprit
fatigué, les merveilles embrasseront Que les érudits

recherchent et interrogent les sages tracent, La vérité amère et la sombre réalité, Le but de la vie que nous voyons si vaguement; Pourquoi mis en lumière et pourquoi surchargé de malheur Les innombrables générations ici-bas; Ce que le destin et la nature nous réservent ; quelles lois ordonnent, quels guides nous dirigent vers les golfes périlleux de la nature et du temps ; telles sont les fontaines de ma pensée sublime, le thème élevé de maintes rimes pensives. Ainsi je le ferai. en direct; Aussi malheureux soit-il, il y a quelques charmes dans la triste réalité. Mais si ma chanson n'est pas la bienvenue ou est étrange,
je ne m'affligerai pas ; car dans son étendue infinie,
mon esprit a surpassé l'amour de la renommée ; elle n'est une déesse que par son nom ; que le destin et l'amour qui gouvernent notre humanité. Si vaguement, si imprudemment, elle est bien plus aveugle.

Ces extraits permettront au lecteur de se faire une idée de la puissance de pensée et de la profondeur du sentiment qui caractérisent les Poèmes de Leopardi, même si la beauté de sa diction ne peut être reproduite dans toute sa pureté et sa douceur. Jamais poète n'a su manier la langue italienne avec plus d'habileté, ni lui donner une mélodie plus enchanteresse ou des cadences plus variées. S'il a un défaut, c'est qu'il est parfois trop indifférent à l'ornement, et que sa simplicité dégénère de temps en temps en pauvreté et en dépouillement. Mais quand nous nous souviendrons de ce qu'était devenue la poésie italienne à son époque, combien artificielle, combien chargée d'ornements mercenaires, nous le croirons digne d'éloges plutôt que digne de censure. Ses premiers poèmes sont les plus ornés, et ce n'est que peu à peu qu'il atteint cette clarté cristalline de style pour laquelle nous ne trouvons pas d'équivalent dans la langue italienne. Son usage fréquent d'une succession capricieuse de vers rimés et non rimés lui permet de développer sa pensée en toute liberté ; en effet, le mètre est si facile que, sans son heureux choix de mots et sa variété exquise de cadence, il frôlerait dangereusement le bâclé ; c'est même le cas dans les œuvres de ses imitateurs, et ces dernières années, c'est probablement pour cette raison que les poètes l'ont abandonné au profit de systèmes plus rigides et peut-être plus épigrammatiques.

Leopardi avait toutes les caractéristiques d'un grand poète lyrique. Si son pessimisme est parfois trop prononcé pour beaucoup de lecteurs, il faut admettre que les maux de la vie sont suffisamment nombreux pour justifier ses élégies ; et il expie tout excès de tristesse par les tableaux les plus exquis de la nature et de l'amour. Le monde apparaît plus beau, bien que plus terriblement et sombrement beau, dans ses poèmes que dans la réalité. Il possède une rare puissance de diction musicale qui ravit l'oreille jusque dans ses passages les plus mélancoliques. En effet, le secret de sa puissance réside dans le contraste unique et exquis entre la morosité et l'amertume de ses pensées et la douceur et la beauté rayonnante de son style.

Il a aussi le rare pouvoir de concentrer en quelques lignes tout un monde de pensée et d'émotion. Ainsi, dans le *Risorgimento* :

> " Méco ritorna a vivere
> La piaggia , il bosco , il monte ;
> Parla al mio core il fonte ,
> Meco favella il mar.

Dans le poème *À Sylvia* cité plus haut, il l'appelle « son espoir tant déploré », « mia lacrymale speme . » Dans les *Ricordanze* , il appelle Nerina « son soupir éternel ». De nombreux autres exemples pourraient être évoqués. Prenez, par exemple, le beau passage du *Canto Notturno,* où le berger apostrophe la Lune :

> " Pur tu , solinga , eterna peregrina,
> Che si pensosa sei, tu forger intentions ,
> Ce vivre terreno ,
> Il patir nostro, il sospirar , che sia ;
> Che sia cette question morir , questo supremo
> Scolorar del sembiante ,
> E périr della terra, e venir meno
> Ad ogni usata , amante compagnie ."

Son pathétique et sa tendresse, exprimés dans un langage d'une pureté et d'une douceur les plus parfaites, et ornés des teintes arc-en-ciel de sa vive imagination, produisent un effet plus poétique que les mots ne peuvent le décrire. Je ne connais aucun poète lyrique qui maintient l'esprit de son lecteur sous un charme plus puissant. D'autres, comme Horace et Alfred de Musset, peuvent être plus divertissants, d'autres encore, comme Keats et Shelley, peuvent nous ravir par des envolées plus aériennes et plus brillantes, mais Leopardi nous entraîne au bord des abîmes et nous montre leur profondeur insondable. .

Il écrit toujours avec son cœur, qualité rare, car on peut trouver vingt poètes qui écrivent avec la tête pour celui qui écrit avec le cœur. Il ne tente jamais une tâche pour laquelle il n'est pas apte. Ses capacités de raisonnement en vers sont très grandes, mais son argument ne devient jamais antipoétique, jamais sèchement didactique. Si ses œuvres ont un défaut, c'est que de temps en temps les poèmes ont tendance à tomber vers la fin, et dans ses œuvres ultérieures il y a une certaine langueur de style, probablement due à une mauvaise santé. C'est un grand maître du vers blanc, et ce n'est que dans l'un des poèmes de ce mètre , le *Palinodia ,* qu'il devient lourd et prolixe. Parfois, lorsqu'il n'est soutenu par aucune grande pensée, son extrême simplicité dégénère en pauvreté. Très peu de poètes pouvaient oser être aussi simples que Leopardi.

Ses œuvres ont pour effet de grandir sur le lecteur. La seconde lecture plaît mieux que la première, et plus on les lit, plus on les admire. En quantité de vers produits, il est surpassé par de nombreux écrivains ; mais en qualité, par aucun.

Ses œuvres en prose, comme ses poèmes, sont peu nombreuses et de petite dimension. Ils comprennent des dialogues (une forme qu'il aimait beaucoup), quelques essais et plus d'une centaine de pensées fragmentaires détachées. Ils ne constituent qu'un petit volume d'une masse très modeste, mais les beautés de la pensée et du style sont si grandes que de nombreux critiques les ont vantés comme la production la plus parfaite de la prose italienne. Ils exposent tous son pessimisme et sa mélancolie, mais avec tant d'art et de variété, que s'ils nous convainquent de la misère du monde, ils nous enchantent aussi par sa beauté. Leopardi a étudié en profondeur les grands prosateurs du XIVe siècle, et lui seul parvient à reproduire à la perfection la fraîcheur et l'harmonie de leur style. Certains passages sont si magnifiques qu'ils réclament à haute voix d'être mis en vers. Dans sa prose, on retrouve moins son cœur (ce cœur merveilleux qui embrassait le monde entier dans sa sympathie) et plus la vivacité de son imagination que dans ses vers.

Son *opérette Morali*, comme ses œuvres en prose ne portaient pas un titre très approprié, ne reçut pas l'accueil cordial que leurs beautés extraordinaires auraient dû commander. Dans sa jeunesse, il fut vanté jusqu'aux cieux pour son érudition laborieuse, mais lorsqu'il offrit au public des œuvres d'une réelle originalité et valeur, tant en prose qu'en vers, son don ne fut apprécié que très progressivement. Cela peut s'expliquer en partie par le fait qu'une grande vague d'utilitarisme déferlait sur le pays, tendance contre laquelle il s'écrie dans une lettre écrite à Giordani de Florence en 1828. « Je suis fatigué, dit-il, des attitudes hautaines. mépris qu'on professe ici pour le beau et pour la littérature, d'autant plus que je ne pense pas que le sommet de la sagesse humaine consiste dans la connaissance de la politique et des statistiques. Au contraire, quand je considère philosophiquement l'inutilité totale des efforts pour obtenir perfection des gouvernements et bonheur des nations, même depuis Solon jusqu'à nos jours, je ne peux m'empêcher de sourire de cette manie de projets et de calculs politiques et législatifs, et je demande humblement comment on peut obtenir le bonheur des nations sans le bonheur des individus. Nous sommes condamnés au malheur par la nature, et non par nos semblables ou par le destin, et pour nous consoler de ce malheur inévitable, je pense que rien ne vaut mieux que l'étude du beau, la culture des affections, les envolées des sentiments. l'imagination et les plaisirs de nos illusions. Je considère donc que tout ce qui plaît à l'esprit est utile au-delà des choses d'usage ordinaire, et que la littérature est plus véritablement utile que tous ces sujets arides qui, même s'ils remplissaient leurs objets, ne contribueraient guère à la vraie félicité des êtres humains, qui sont des individus et non des masses ; mais quand remplissent-ils réellement leurs objectifs ?. . . . . . Je pense (et ce n'est pas par hasard) que la société humaine a des principes d'imperfection innés et nécessaires, et que sa condition peut être plus ou moins mauvaise, mais jamais parfaite. À tous points de vue, priver les hommes de ce qu'il y a de plus agréable à l'esprit me semble infliger un véritable préjudice au genre humain. »

Ces paroles peuvent être prises à cœur aujourd'hui autant qu'à l'époque où elles ont été écrites. Il y a beaucoup trop de gens prêts à critiquer les recherches de l'art et de la poésie, et il serait bien de leur répondre avec ces arguments de l'un des intellects les plus puissants et les plus originaux que la race humaine ait jamais produits.

CHAPITRE XX.

MANZONI.

ALESSANDRO MANZONI , l'écrivain le plus populaire de la première moitié du XIXe siècle, est né à Milan le 7 mars 1785. Sa mère était la fille de Beccaria, dont les efforts philanthropiques pour abolir les pires abus de la procédure pénale ont été reconnus. dans un chapitre précédent. Il reçut son éducation des Pères de l' Ordre Somaschi et, en 1805, il accompagna sa mère à Paris. Il y eut l'avantage de se mêler à la société la plus brillante et la plus intellectuelle que la France pût produire. C'est à cette époque qu'il semble avoir tenté pour la première fois de composer, et un poème qu'il écrivit sur la mort d'un ami reçut suffisamment d'éloges pour l'encourager dans de nouveaux efforts.

En 1808, il retourne en Italie et épouse Mademoiselle Blondel, fille d'un banquier de Genève.

Elle était protestante, mais entra bientôt dans l'Église de Rome, et bientôt insuffla à son mari, jusqu'alors indifférent à la religion, la ferveur qui animait son âme. Comme à Paris, à Milan, il appréciait la société des personnalités les plus éminentes pour leurs capacités intellectuelles et il visitait fréquemment la maison de Monti. Silvio Pellico et Tommaso Grossi étaient parmi ses amis, et Luigi Tosi, plus tard évêque de Pavie, fit beaucoup pour le confirmer dans l'ardente piété inculquée par son épouse. Il passa l'hiver et le printemps à Milan, l'été et l'automne dans sa belle villa à Brusiglio , à six kilomètres de la ville.

En 1812, il commença à écrire ses Hymnes sacrés, et s'ils ne s'élèvent pas au-dessus d'une piété fougueuse, quoique quelque peu conventionnelle, ils constituent néanmoins un énorme progrès par rapport aux platitudes mythologiques qui formèrent si longtemps la base de la poésie italienne.

En 1819, il achève sa tragédie, *Il Conte di Carmagnola,* qui l'occupe depuis plus de trois ans. Manzoni abandonna entièrement les entraves des unités de temps et de lieu auxquelles Alfieri adhérait rigidement ; sa pièce a donc beaucoup du pittoresque et de la variété de Shakespeare et des Élisabéthains ; et il se distingue par cette minutie de l'étude historique qui a marqué tout ce qu'il a écrit ; mais d'un autre côté, il faut admettre qu'il n'est pas inspiré par le véritable esprit de tragédie à un degré aussi élevé qu'Alfieri, pas plus qu'il n'a le don remarquable de son prédécesseur d'écrire des vers blancs sonores et impressionnants. Ses vers sont clairs et fluides, mais manquent plutôt de couleur . Ses personnages disent ce qu'ils devraient dire, mais ils ne le disent pas d'une manière frappante. Plus encore que pour ses mérites en tant que pièce de théâtre, il mérite d'être lu pour le tableau précis qu'il présente de la Venise du XVe siècle.

En 1820, il écrit les vers les plus fougueux qu'il ait jamais produits, *Il Quinto Maggio,* un poème sur la mort de Napoléon, plein de feu et d'originalité.

En 1822, il publie sa tragédie *Adelchi* . De même que *Carmagnole* a donné une image de l'oligarchie de Venise, *Adelchi* nous donne une image du règne des rois lombards. Il est écrit avec autant de soin que son prédécesseur, et avec plus de feu et d'énergie. Mais même ici, il est loin de démontrer la maîtrise d'Alfieri sur les vers blancs. En annexe à cette tragédie, nous trouvons un long et précieux essai sur les Lombards en Italie.

Manzoni envisageait une troisième tragédie. Il devait avoir pour sujet Spartacus, mais il n'a été écrit qu'un chœur d'introduction.

Ces œuvres valurent au poète une grande réputation, réputation qui devint même européenne lorsqu'il publia en 1826 son célèbre roman historique, *I Promessi . Sposi —La fiancée.* Aucune œuvre en prose en langue italienne n'a été accueillie avec plus d'enthousiasme à l'étranger que celle-ci. Des traductions sont apparues dans toutes les langues européennes ; édition après édition était nécessaire, tant de l'original que des rendus. Les quotidiens regorgeaient d'annonces élogieuses ; l'auteur fut comblé de marques d'estime et d'admiration, et ses compatriotes saluèrent en lui avec ravissement un Scott italien.

Sa réputation atteint son apogée en 1830. Mais si ses admirateurs s'attendaient à ce qu'il affiche la fertilité de son prototype calédonien, ils étaient voués à la déception. Il était réputé comme l'auteur de deux tragédies habiles, de l'un des textes les plus brillants dans toutes les langues et du roman le plus réussi que l'Italie ait jamais produit. Il était riche et aisé, deux fortes incitations à l'indolence. Il avait acquis une renommée si grande qu'il serait impossible d'y ajouter quelque chose ; pourquoi avait-il besoin de travailler et de travailler dur pour produire des œuvres qui ne pouvaient en aucun cas approcher le merveilleux succès de leurs prédécesseurs ? En conséquence, nous constatons que Manzoni a écrit peu après la parution du *Promessi Spossi* , et ce petit peu n'a pas une grande importance. Dans sa *Storia della Colonna Infame,* il proteste, en véritable descendant de Beccaria, contre les horreurs du racket ; dans sa *Morale Cottolica* , il fait preuve d'une grande capacité d'observation et d'argumentation.

Il a eu de nombreux enfants, mais beaucoup d'entre eux sont décédés avant lui. Sa fille aînée épousa Massimo d'Azeglio .

Après les victoires italiennes de 1859, il fut élu membre du Sénat réuni à Turin, mais il n'assista aux débats qu'à deux reprises, probablement en raison de son âge avancé. On lui offrit de hautes dignités et les médailles de nombreux Ordres ; mais il les refusa tous, et vécut dans une retraite simple, suffisamment distinguée par sa renommée et par l'estime accordée à son caractère aimable et bienveillant. Il mourut le 22 mai 1873 et Milan accompagna son poète jusqu'à la tombe avec de magnifiques obsèques.

En passant de l'homme à ses œuvres, nous trouvons à la fois sa prose et sa poésie caractérisées par un noble esprit de repos. Il n'y a rien d'orageux ou de colère dans ses écrits, car il n'y avait rien qui puisse troubler ou aigrir son esprit. Il ressemble à Goethe dans la sérénité sans nuages de son intellect, même s'il ne l'égale peut-être pas dans les attributs les plus rares du génie. C'est probablement ce repos même qui a joué contre son succès en tant que dramaturge, car s'ils ne présentaient pas un tableau aussi fidèle d'une époque historique, ses deux tragédies mériteraient à peine l'attention qu'elles ont reçue.

Cette heureuse tranquillité d'esprit lui permettait de reproduire très clairement ce qu'il observait et imaginait. Il n'est donc pas étonnant qu'en consacrant les facultés de son esprit à la production d'un roman historique, il ait offert au monde un chef-d'œuvre. L'histoire est intéressante. On suit les vicissitudes des amoureux avec une attention haletante. Le sujet correspond bien aux pouvoirs de l'auteur. Il écrit sur les localités parmi lesquelles il a vécu et sur les époques dont il a profondément étudié l'histoire. Les descriptions ne manquent jamais d'être vivantes et précises, et l'habileté avec laquelle il rassemble de grands événements ne peut être trop vantée. Rien de plus beau que la description de la peste de Milan et des troubles populaires. Il n'est pas non plus moins admirable dans la définition de son caractère. Le portrait du frère suffirait à lui seul pour montrer sa maîtrise en ce domaine. Le style a ses beautés, mais même dans cette œuvre la plus réussie du XIXe siècle, on remarque les mêmes particularités que dans ses drames ; les personnages disent ce qu'ils devraient dire, mais ils ne le disent pas toujours d'une manière frappante. S'il ressemblait peu à Leopardi, il était comme lui dans une certaine indifférence à l'ornement qui dégénère parfois en pauvreté.

En lisant les œuvres de Manzoni, on se rend compte à quel point le mouvement romantique a profité à la littérature. Une vie nouvelle s'insuffle dans la prose et la poésie ; de nouvelles pensées surgissent dans l'esprit de l'écrivain et les misérables conventions de la phraséologie sont supprimées à jamais .

Au-dessus des éloges malgré le *Promessi Peut* -être, il n'est pas possible de vanter très haut Manzoni en tant que poète. À l'exception du magnifique *Cinque Maggio,* ses paroles ne brillent pas d'un feu vif et ne hantent pas le lecteur avec leur mélodie. Les circonstances extrêmement confortables de la vie du poète l'ont empêché d'être déchiré par la passion et tourmenté par le désespoir. Son génie n'avait rien de sauvage ou d'impétueux pour l'inciter à chanter avec passion. Il n'avait pas non plus la gaieté des vers conviviaux, ni l'acrimonie des vers satiriques. Il n'est donc pas étonnant qu'il ne nous ait rien laissé de tout à fait digne de sa renommée dans le vers lyrique, sauf toujours le poème sur la mort de Napoléon.

Ses pouvoirs de versification ne sont pas très remarquables. Il lui manque les cadences délicates d'un véritable grand poète. Ses vers blancs ont tendance à devenir plats. Ses rimes sont plus fortes, mais la mesure , bien qu'efficace, n'est pas modulée et variée avec l'habileté consommée qui peut seule satisfaire une oreille cultivée. Mais tous ses poèmes sont l'émanation d'un esprit vraiment noble, et si nous parcourons les pages de Manzoni, que ce soit dans sa prose ou dans ses vers, à la recherche de pensées élevées et d'une influence élevée, nous pouvons vraiment dire que nous ne cherchons jamais en vain.

CHAPITRE XXI.

SILVIO PELLICO.

Une œuvre à peine inférieure en popularité au *Promessi Sposi* était *Le Mie Prigioni,* un récit de tout ce qu'il a souffert dans les prisons autrichiennes, de SILVIO PELLICO .

L'auteur de ce livre célèbre est né à Saluzzo , dans le Piémont, en 1788. Il a passé sa jeunesse en France, mais peu de temps après sa majorité, il retourna en Italie et s'installa à Milan. Il a subvenu à ses besoins pendant un certain temps comme tuteur, puis comme journaliste. Il a écrit plusieurs tragédies, dont la meilleure est *Francesca da Rimini,* et une traduction pleine d'entrain de *Manfred de Byron.*

En collaboration avec quelques amis, il publie un article, *Il Conciliatore* . Certains articles excitèrent le mécontentement du gouvernement autrichien et la parution du journal fut interdite. Les troubles dans le Piémont en 1820 éveillèrent les craintes des autorités, et il fut arrêté avec quelques-uns de ses compagnons et emmené à Venise, où il fut d'abord enfermé dans les « Piombi » du Palais des Doges, puis dans la prison du l'île de San Michele. Lui et ses complices furent condamnés à mort, mais la peine capitale fut commuée en quinze ans de prison dans une forteresse pour Pellico et vingt ans pour son ami Maroncelli . Les deux victimes furent transférées en 1822 au Spielberg, près de Brunn , en Moravie, et enfermées dans des cachots souterrains. Ils ont été traités avec la plus grande rigueur . De lourdes menottes étaient attachées à leurs membres ; Seule une nourriture grossière et maigre leur était fournie. La santé de Pellico n'a jamais été aussi bonne et elle s'est complètement détériorée sous un traitement aussi rigoureux. Il tomba dangereusement malade et un certain relâchement fut opéré pour lui sauver la vie. Mais à peine était-il sur le point de guérir que les anciennes sévérités revinrent et même s'aggravèrent. Il ne lui était plus permis de tromper sa misérable captivité par la lecture et l'écriture, et tout ce qu'il pouvait faire était de ruminer dans son misérable cachot ses chagrins et de se demander s'il vivrait jusqu'au jour fixé pour sa libération. Son esprit blessé se réfugiait dans les consolations d'une piété quelque peu mystique. Au cours des années suivantes, la revendication d'une Italie unie a amené les patriotes à une collision avec la papauté, dont l'adhésion à la revendication du pouvoir temporel pour le pape était inflexiblement maintenue, et la collision a abouti à une amère hostilité envers le christianisme ; mais pendant au moins les quarante premières années du siècle, presque tous les patriotes étaient de fervents catholiques, dont l'enthousiasme religieux était nourri par le mouvement romantique, avec son amour et sa vénération pour le Moyen

Âge. Pellico était résolument l'incarnation de ce type de patriote. Il considérait toute libre pensée avec horreur, et aucun doute quant aux principes de son Église ne semble jamais lui être venu à l'esprit. Sa cruelle captivité le fit s'attacher d'autant plus aux promesses de l'Église envers ses fidèles, et après sa libération, son état d'esprit resta le même.

Cette libération est arrivée plus tôt que prévu. Pellico et son ami Maroncelli furent libérés le 1er août 1830.

Le comte Pralormo , envoyé de la cour de Turin à Vienne, intercéda fréquemment pour le malheureux poète, et c'est probablement en grande partie grâce à lui que Pellico fut si tôt libéré. La Révolution de Juillet éclata le jour même où l' empereur François signait l'ordre de libération. On considérait comme une circonstance heureuse pour les prisonniers que l'ordre ait été signé avant que l' empereur n'ait eu connaissance de cet événement, sinon il n'aurait peut-être pas été aussi enclin à la clémence.

Les prisonniers furent conduits sous escorte à Vienne, mais Silvio était dans un état de santé si faible que l'effort du voyage le jeta sur un lit de malade. Il nous raconte qu'une fois rétabli, il fut emmené en promenade et en excursion, et un jour, alors que lui et Maroncelli se promenaient dans le parc de Schönbrunn , l'approche de l' empereur fut annoncée, et lui et son compagnon reçurent l'ordre de s'écarter de peur que son La Majesté devrait être déprimée à la vue de leurs visages pâles et émaciés.

Lorsque Pellico fut autorisé à retourner en Italie, il se réfugia à Turin avec sa sœur. Il a séduit son époque en écrivant *Le Mie Prigioni* et de nombreuses tragédies et poèmes ; mais sa santé était complètement ruinée par les épreuves qu'il avait endurées, et il languit dans de nombreuses souffrances. Il mourut célibataire en 1854.

La raison pour laquelle Silvio Pellico a été traité avec tant de rigueur et de cruauté par le gouvernement autrichien est inexplicable, car il était tout à fait à l'opposé d'un esprit dangereux et turbulent. Même son emprisonnement ne l'a pas excité, et *Le Mie Prigioni* est moins un élan de colère qu'une chronique de toutes les larmes qu'il a versées. En effet, il aurait été préférable pour sa renommée d'auteur s'il possédait quelque chose de la cruelle indignation qui dévorait le cœur de Swift. Ses œuvres sont tendres et pensives, mais elles manquent cruellement de feu. Il nous lance de douces élégies quand nous attendons des invectives passionnées.

Il était difficile de souffrir autant, mais s'il avait moins souffert, on ne se souviendrait plus de lui parmi les auteurs de son pays. Il aurait toujours été un esprit pur et noble, mais son étoile n'aurait pas brillé avec suffisamment d'éclat pour se distinguer de la galaxie qui l'entourait.

« Après avoir écrit douze tragédies, nous dit-il, dont huit seules ont été publiées, j'ai cessé d'écrire pour le théâtre, estimant que je n'avais pas les ressources suffisantes pour peindre une grande variété de personnages. Dans ma jeunesse, j'avais l'espoir fou d'occuper un jour une place non loin d'Alfieri, mais avec les années, je me suis réveillé de cette illusion malgré les applaudissements qui m'ont été prodigués. Maintenant, je ne prends plaisir qu'à la poésie lyrique et narrative, à dont j'avoue que je ne m'élève pas à une grande hauteur ; mais ces branches de la poésie ont pour moi un fort attrait ; j'aime à en faire les instruments pour exprimer mes sentiments, et surtout mes émotions religieuses. J'éprouve souvent le besoin de je prie pour ainsi dire en vers, et je produis ainsi tantôt une ode, tantôt une élégie, dans lesquelles j'épanche mon cœur à Dieu, et cela suffit à me rendre ma sérénité spirituelle. J'aimerais voir les poètes s'élever plus profondément. que moi, afin qu'ils multiplient les compositions sacrées, diffusant l'amour de Dieu et de la vertu, et élevant leur intellect et celui de leurs semblables, par la sainte union des nobles pensées et de la religion fervente. Nous avons quelques poètes de ce genre, mais en nombre très limité, et trop souvent le plus divin des arts se consacre à des sujets frivoles ou, ce qui est pire, à des sujets méprisables. »

Ces paroles donnent une idée claire de l'esprit dans lequel il écrivait, et on ne peut nier qu'il rejoigne sa noble conception, même si un certain manque de feu l'empêche d'occuper un rang élevé dans la littérature italienne. Ses deux meilleures tragédies sont *Francesca da Rimini* et *Thomas More*. Dans les deux cas, il atteint une dignité considérable, et on ne peut rien trouver de mieux chez Alfieri. Son *Francesca* a été produit par la célèbre actrice Carlotta Marchionni avec un brillant succès.

Ses poèmes lyriques sont le miroir de son âme tendre et pensive, mais le fatal manque de feu est plus apparent que dans ses tragédies soutenues par l'intérêt du récit.

La plus importante de ses œuvres est de loin *Le Mie Prigioni*, le récit de ses longues années de captivité cruelle. Le livre connut un succès prodigieux et fut lu partout où la liberté était aimée et la tyrannie détestée. Aucune production littéraire de l'époque n'était plus bienvenue aux patriotes italiens, car elle leur fournissait une justification aussi puissante pour se soulever contre leurs oppresseurs. En fait, ce qui est merveilleux, c'est qu'une nation comme l'Italie ait supporté si longtemps le joug des envahisseurs étrangers. L'Italie n'était pas comme la Pologne, dépourvue de frontières naturelles servant de barrière contre l'agression de puissants voisins . Elle n'était pas non plus, comme la Pologne, distraite par les factions et les discordes internes. Pourquoi donc s'est-elle soumise si longtemps ? La seule réponse, à mon avis, est que le système du Moyen Âge consistant à embaucher des condottieri vénaux et leurs partisans pour mener leurs batailles a démoralisé les Italiens jusqu'à ce qu'ils ne parviennent pas à prendre conscience de leur propre force inhérente. Une fois la nation résolue à être libre, la tâche ne fut pas si prodigieusement difficile. C'était une circonstance heureuse pour l'Italie que ni l'Espagne ni l'Autriche n'aient jamais tenté d'établir des colonies de leurs propres sujets sur son sol, comme l'Angleterre l'a fait en Irlande et comme la Russie le fait maintenant en Pologne. Ainsi, lorsque sonna l'heure de la liberté, les Italiens n'eurent qu'à vaincre les garnisons hostiles, ils n'eurent pas à déraciner une population sédentaire.

Le style de Silvio Pellico est éminemment clair et direct, et son œuvre est pour cette raison une grande favorite des étrangers qui commencent à étudier la langue. Il possède un pouvoir de description considérable et réussit admirablement à reproduire les couleurs et l'atmosphère des scènes qu'il a traversées. Il est parfois trop sentimental et les larmes qu'il verse sont sans commune mesure avec le courage dont il fait preuve. Mais une grande vague de sentimentalité passait alors sur l'Italie, et l'on voulait peut-être ramener les hommes à la nature après l'artificialité du passé.

Ses geôliers semblent avoir été aussi gentils avec lui qu'ils l'osaient ; mais les règles de la prison étaient terriblement rigoureuses, et elles n'étaient pas assouplies pour Silvio et ses confédérés, si irréprochables que soient leurs caractères. Maroncelli dut se soumettre à l'amputation d'une jambe à cause de la mortification résultant du frottement de ses lourdes chaînes, et Pellico lui-même fut prosterné par la maladie à cause de ses privations excessives, de sorte que pendant un certain temps sa vie fut en danger, et de grandes choses en effet. Ce serait une perte pour la littérature si une fin fatale l'avait empêché de laisser à la postérité le témoignage d'une captivité cruelle et d'un patriotisme élevé et intact.

CHAPITRE XXII.

POÈTES DU XIXE SIÈCLE.

Le plus remarquable, mais pas en réalité le plus éminent, des poètes italiens du début du XIXe siècle était VINCENZO MONTI. La fluidité inépuisable de ses vers attira l'attention universelle, et même Leopardi vénérait dans son sanctuaire. Mais il n'était qu'une idole, pas une divinité. Les pieds d'argile sont vite apparus. Il est passé avec une apostasie éhontée d'un parti politique à l'autre. Commençant sa carrière en flattant Pie VI, il la poursuivit en vantant les envahisseurs français, et la termina en rampant devant les tyrans autrichiens. Il écrivit des odes sans enthousiasme et des tragédies sans dignité, et il traduisit Homère sans connaître suffisamment de grec pour lire l'original. Une épigramme a été suggérée pour son portrait :

> " Questo è Monti, poeta e cavaliero ,
> Grand traducteur dei traducteur d'Omero ."

Mais il serait injuste de nier qu'il possédait une grande souplesse de style et une pleine maîtrise de toutes les ressources de la langue. Il est toujours élégant et fluide, et ses œuvres, telles qu'elles sont, ne pèchent jamais contre les canons du bon goût. Le plus agréable de ses poèmes les plus courts est peut-être un très beau sonnet sur le portrait de sa fille.

UGO FOSCOLO était un esprit bien plus magistral et audacieux. Son poème *I Sepolcri* a attiré l'attention universelle, mais on peut difficilement dire que la promesse de ce poème a été tenue par des œuvres ultérieures. Il avait des dons brillants, mais il avait tendance à les gaspiller en bagatelles savantes. En tant que prosateur, il exerça une influence plus large. Ses *Lettres de Jacopo Ortis* étaient pour l'Italie ce que *le Werther de Goethe* était pour l'Allemagne. C'était un critique admirable et ses essais sur Dante, Pétrarque et Boccace sont encore précieux aujourd'hui. Il se réfugie en Angleterre et certains de ses meilleurs articles sont rédigés en anglais, puis traduits dans sa langue maternelle. Il mourut à Turnham Green, près de Londres, en 1827.

MELCHIORRE CESAROTTI traduisit *Ossian de Macpherson* et fut un puissant promoteur du mouvement romantique.

HIPPOLYTE PINDEMONTE écrivit de nombreux poèmes marqués par une douce réflexion et traduisit l' *Odyssée* avec un succès considérable.

GIOVANNI BERCHET de Milan, qui a largement contribué par ses vers à allumer le feu du patriotisme, mais si vigoureux et si émouvants qu'ils soient, ils ont à peine assez de finesse et de délicatesse pour être rangés parmi les œuvres d'art.

GIUSEPPE GIUSTI était un satiriste d'une étonnante originalité et d'une grande originalité. Il attaquait les gouvernements tyranniques de son époque, et il ne connaissait ni peur ni discrétion. Ceux qui peuvent se faire une idée de ce que produiraient les pouvoirs inépuisables de versification grotesque de M. Gilbert s'ils étaient dirigés vers la satire politique, peuvent concevoir ce que sont les poèmes de Giusti. Il mourut de consommation en 1850.

FELICE BELLOTTI , de Milan, a rendu de nobles services à la littérature de son pays par sa magnifique traduction de la *Lusiade* de Camoens , de l' *Argonautique* d'Apollonius Rhodius et des tragédies d' Eschyle , de Sophocle et d'Euripide.

GIAMBATTISTA NICOLINI est l'auteur de nombreuses tragédies, mais ses tendances étaient autant politiques que poétiques, et sa poésie en souffre.

JACOPO VITTORELLI était musical et fluide dans ses vers, et certaines de ses meilleures lignes sont dignes de la plume de Metastasio.

Les poèmes de GIUSEPPE PUZZONE ont une tendre sentimentalité à la fois émouvante et agréable,

GIUSEPPE BORGHI a traduit Pindare et a écrit ses propres poèmes avec beaucoup de feu et d'originalité.

LUIGI CARRER , un Vénitien, a eu le mérite d'ouvrir de nouvelles sources d'idées dans ses poèmes, et il a beaucoup de pathétique et de maîtrise du langage.

GABRIELE ROSSETTI , père d'une famille célèbre, s'est inspiré du patriotisme dans presque tout ce qu'il a écrit. Certains de ses hymnes patriotiques ont une fougue et une énergie inimitables. Il se réfugie en Angleterre où il meurt en 1854.

Les poèmes d' ALEARDO ALEARDI est remarquable par sa force d'imagination, mais ses pouvoirs d'exécution ne sont pas considérables.

GIOSUE CARDUCCI occupe une place très importante parmi les poètes du XIXe siècle, mais ses tentatives pour faire revivre la mythologie dont le monde était complètement lassé n'étaient pas très judicieuses, bien que dans son cas elles aient été rachetées par un grand savoir et une grande force d'imagination. Il a tenté d'introduire les mètres d'Horace en italien, mais le résultat n'est pas très musical.

ENRICO PANZACCHI est un véritable poète et ses images sont toujours gracieuses et de bon goût.

On ne peut pas en dire autant d' OLINDO GUERRINI qui, sous le pseudonyme de LORENZO STECHETTI , a publié des poèmes remarquables par la fraîcheur et la mélodie du style, mais aussi, malheureusement, par la grossièreté et l'indécence. Il réussit très bien dans l'art de faire chanter les vers ; ils viennent vraiment du cœur du poète et vont droit au cœur du lecteur.

Le sicilien RAPISARDI a produit de belles œuvres, entre autres un long poème sur les afflictions de Job. Il est plein d'imagination, mais il serait difficile de concevoir un ouvrage plus inutile ; le livre de Job est si sublime en lui-même que toute reproduction, et non une traduction littérale, est soit une dilution, soit une « dorure d'or raffiné ».

GIOVANNI PRATI possédait une grande puissance de pensée et une véritable inspiration. Son *Armando* est une œuvre très noble, mais elle manque quelque peu d' une construction habile , et dans tout ce qu'il a écrit, ses beautés sont plutôt entassées que savamment exposées.

PIETRO COSSA a produit des tragédies très différentes de celles d'Alfieri, pleines de couleurs crues et de contrastes saisissants, par lesquelles il a obtenu une immense vogue, mais il est douteux qu'elles résistent à l'épreuve du temps.

ADA NEGRI , de Milan, a publié des paroles pleines du feu et du génie les plus extraordinaires, et si elle continue comme elle a commencé, elle ne peut manquer de produire quelque chose de grand.

L' ABBÉ ZANELLA a publié des poèmes qui ont été très admirés. Il est considéré comme le poète préféré de Léon XIII.

Madame RACHELE BOTTI BINDA a écrit de nombreux poèmes, caractérisés par la force et l'originalité de la pensée ; en fait, il est agréable de constater chez presque tous les poètes énumérés dans ce chapitre que les anciennes similitudes et conventions ont complètement disparu et que la fraîcheur et la polyvalence sont partout apparentes. Cette circonstance ne peut manquer d'être de bon augure pour l'avenir et d'insuffler une nouvelle vie à une littérature qui avait cruellement besoin de fraîcheur de pensée et d'anticonformisme de style. Si certains écrivains ont été indélicats et d'autres peu artistiques, ce sont des défauts immédiatement visibles et faciles à éviter, et étant donné le plus grand intérêt et l'appréciation accordée par le public ces dernières années à la poésie, il y a tout lieu d'espérer que le siècle prochain verra apparaître des poètes en aucun cas indignes du Pays de Dante et de l'Arioste.

CHAPITRE XXIII.

PROSATEURS DU XIXE SIÈCLE.

Parmi les historiens du XIXe siècle, les plus éminents sont CESARE BALBO et CESARE CANTU . Ils travaillèrent tous deux infatigablement et se consacrèrent tous deux à l'élucidation de l'histoire de leur pays natal. MANIN *L'histoire de Venise* a de la recherche et de la minutie dans les détails sans une prolixité fastidieuse à la recommander.

TOMMASO GROSSI a eu beaucoup de succès avec son roman historique *Marco Visconti,* mais il a tendance à devenir très larmoyant et sentimental.

Les pièces d'Alberto Nota ont valu à leur auteur une réputation considérable, mais elles ne sont pas assez amusantes pour les comédies ni assez fortes pour les drames, de sorte qu'elles sont tombées dans l'oubli malgré leur délicatesse et leur raffinement. La scène italienne de ce siècle dépendait trop des importations françaises, tout comme la fiction moyenne de l'époque. Même à l'heure actuelle, les détritus les plus pauvres des boulevards ont plus de chances d'attirer l'attention que les meilleures œuvres des auteurs indigènes. Des concessions extrêmes ont été faites ces dernières années au réalisme vulgaire, mais on ne peut nier que le réalisme ait engendré des personnages réalistes et des descriptions précises. MATILDE SERAO a connu un succès particulier en tant que romancière.

Mais le romancier le plus brillant d'aujourd'hui est sans aucun doute GABRIELE D'ANNUNZIO . Ses poèmes sont bien conçus, bien que leur diction ne soit pas particulièrement musicale, mais en tant que romancier, il est tout à fait le premier. Il excelle dans les descriptions. Nulle part ailleurs on ne trouve une telle peinture de mots, à l'exception peut-être des livres de voyage d' EDMONDO DE AMICIS . TULLIO GIORDANA a écrit une monographie très intéressante sur l'œuvre de Gabriele d'Annunzio. *Trionfo della Morte* , mais les meilleures œuvres qu'il a produites jusqu'à présent sont peut-être *Il Piacere* et *Giovanni Episcopo* . Il n'est pas toujours particulièrement heureux dans le choix de ses sujets ; mais s'il fait preuve de discrétion à cet égard, on ne sait pas à quelle hauteur il ne pourra pas monter à l'avenir.

En Italie comme ailleurs, l'extrême popularité du roman a éclipsé toutes les autres branches de la littérature. Énumérer les différents auteurs et leurs œuvres serait comme compter les sables du bord de la mer et les étoiles du ciel, il suffit de constater que partout l'habileté et l'ingéniosité se manifestent, et si certains auteurs deviennent répugnants par excès de réalisme, d'autres , et les plus récents, ont, à l'imitation de Gabriele d'Annunzio , jeté sur leur réalisme l'habit de la fantaisie et de l'imagination, présentant ainsi un heureux augure pour l'avenir.

CHAPITRE XXIV.

CONCLUSION.

Dans cette Histoire de la littérature italienne , je me suis efforcé , au mieux de mes possibilités, d'en retracer les progrès et le développement. On ne peut, à mon avis, nier que les choses ont progressé. La poésie s'est libérée des conventions. La prose a donné naissance à des œuvres que les âges antérieurs n'auraient même pas pu concevoir. Comparez les magnifiques créations de Gabriele d'Annunzio aux histoires de Bandello et à la *Novelline* de MASACCIO . L'avancée est prodigieuse. Il reste cependant beaucoup à faire. L'Italie n'a pas encore donné au monde un philosophe aussi profond que Kant ou Schopenhauer, ni un poète tragique aussi grand que Sophocle ou Shakespeare. Il y a encore de la place pour un Burns italien, pour un poète dialectal vraiment original et saisissant. Le sicilien GIOVANNI MELI est peut-être celui qui se rapproche le plus d'un tel écrivain ; il est même le poète le plus authentique que la Sicile ait jamais produit. Il y a toutes les raisons d'espérer que l'Italie libre et unie d'aujourd'hui verra des écrivains aussi brillants que ceux de l'Italie asservie et divisée du passé.

LA FIN.

www.ingramcontent.com/pod-product-compliance
Lightning Source LLC
LaVergne TN
LVHW042149190726
843493LV00006B/1584